KÄTHE SPRINGER

LiebesKochKunst

VERFÜHRUNGEN AUS DER EROTISCHEN KÜCHE

Photos von Luzia Ellert

MARY HAHN VERLAG

Besuchen Sie uns im Internet unter
www.maryhahn-verlag.de

1. Auflage 2001
2. Auflage 2003

Umschlaggestaltung. Wolfgang Heinzel
Umschlagfotos: Luzia Ellert, 1070 Wien
Visuelles Konzept und Gestaltung: fuhrer · wien
Fotos: Luzia Ellert, 1070 Wien
ISBN 3-87287-499-3

Inhalt

Liebe GEHT DURCH DEN MAGEN ...

... nicht in allen Sprichwörtern liegt soviel Wahrheit wie in diesem. Ob romantisches Candlelight-Dinner, extravagantes aphrodisisches Menü, Zaubertränke nach geheimen Rezepten oder einfach mit viel Liebe zubereitete Speisen – kein mit Hingabe servierter Gaumenkitzel wird seine Wirkung verfehlen. Schon gar nicht, wenn auch noch rundum Phantasie und Sinnenfreude im Spiel sind: Kerzenschimmer, leise Musik, ein verführerischer Duft im Raum und zärtliches Liebesgeflüster würzen das kulinarische Liebesabenteuer nicht weniger als die wirksamsten aphrodisischen Beigaben.

Von diesem vergnüglichen Spiel mit der Lust, der Phantasie und den sinnlichen Gaumenfreuden handelt dieses Buch. Es beschreibt die Pflanzen der Liebe, die stimulierenden Liebestränke und welche Genüsse Lust auf mehr wecken. Die vorgeschlagenen Gerichte sind in der Regel nicht allzu kompliziert, schließlich soll nicht alle Energie auf das Kochen verschwendet werden, sie sind eher leicht und bekömmlich, damit das Liebesmahl nicht beschwert, sondern beflügelt, und sie sind allesamt aphrodisisch, das heißt, sie verwenden Zutaten und Gewürze, die beleben, die Empfindsamkeit der Sinne erhöhen und das Feuer der Leidenschaft anregen. Mit einem Wort: Speisen, die Sie und Ihre(n) Liebste(n) in Stimmung bringen und Appetit machen – auf die Liebe danach.

Reichlich garniert wird dieser Streifzug durch die sinnlichen Genüsse mit Tips und Tricks, Ideen, Geschichte(n) und pikanten Histörchen. So stimmt Sie dieses erotische Kochbuch schon bei der Lektüre richtig ein und bringt Sie hoffentlich zum Schmunzeln, zum Träumen und zum Genießen. Liebesfreuden sind Sinnesfreuden. Weshalb die Wirkung eines gelungenen Liebesmahls – ob nun Dinner für zwei oder lustvolle Schlemmerei zu mehrt – allemal jedes nüchterne Doping à la Viagra in den Schatten stellt. Nicht um Liebe auf Rezept, sondern um Liebesrezepte geht es hier: Gott Amor darf durchaus nachgeholfen werden, wenn auch mit den Ingredienzien der Natur, des Wohlgefühls und der Lebenslust. Genießen mit allen Sinnen, lautet das Motto dieses Buches. Und in eben diesem Sinne: viel Vergnügen!

Käthe Springer

IM KULINARISCHEN

Reich der Sinne

Geschichte & Geschichten

DER EROTISCHEN KÜCHE

ES MUSS NICHT IMMER KAVIAR SEIN …

Seit jeher waren die Menschen damit beschäftigt, ihr natürliches Bedürfnis nach Essen, Trinken und Sex zu stillen. Doch nicht nur das, sie wollten natürlich auch ihren Spaß dabei haben. Von der üppigen Venus von Willendorf bis zur klassischen Schönheit der Venus von Milo zeigen uralte Kunst- und Kultobjekte, wie Mann und Frau darum bemüht waren, durch Fruchtbarkeitsriten und Liebeskulte die Erträge der Jagd, der Ernte und ihrer Lenden ebenso zu steigern wie den damit verbundenen Genuß.

Sex und Schlemmen – schon immer war es am schönsten, wenn sich die Befriedigung dieser Urbegierden verbinden läßt, ganz ohne Umschweife oder auch mit, falls man es mit Karl Kraus halten möchte, der meinte, daß »Erotik … sich zu Sexualität wie Gewinn zu Verlust« verhält.

Um diese Sinneslust zu garantieren, ja sie zu steigern, verwendete man seit der Vorzeit in allen Kulturen eine Vielzahl von Hilfsmitteln, darunter Pflanzen, Wurzeln, Samen, Früchte und Tiere, von denen so manche selbst im Zeitalter der modernen Chemie noch nicht ganz in Vergessenheit geraten sind. Mehr noch: die schweren Düfte orientalischer Gewürze lösen bis heute auf geheimnisvolle Weise erotische Phantasien aus, obschon die eigentliche Bedeutung dieser kostbaren Ingredienzien und ihr Beitrag zu Liebestränken und Zauberspeisen kaum mehr bekannt sind. Erst seit kurzem entdeckt man wieder die enge Verbindung von Sexus und Gustus, wobei freilich nicht nur das Was, sondern auch das Wie maßgeblich die erotische Qualität der Gaumenfreuden bestimmt. So wichtig wie die stimulierende Zuammensetzung der Speisen ist nämlich ihre erregende Präsentation: Augen, Nase, Ohren – alles ißt mit bei einem sinnlichen Mahl. Und noch vor Chemie und wissenschaftlichem Nachweis stehen Phantasie, Verspieltheit und die Lust auf Genuß ganz oben auf der aphrodisischen Hitliste.

Wie immer beschaffen: Essen und Erotik waren stets eng verknüpft, und sind es unübersehbar bis heute. Kaum eine Verführung, eine Eroberung, bei der nicht das Essen eine Rolle spielt. Wobei es nicht unbedingt darauf ankommt, wie exquisit es dabei zugeht. Im Gegenteil: Eine berühmt gewordene Szene aus dem Film *Tom Jones* zeigt anschaulich, daß einige safttriefende Deftigkeiten, garniert mit nichts als ungezähmter Sinnesfreude, genügen können, um ein mit schamlosem Appetit begabtes Paar gehörig in Stimmung zu bringen. Nicht der Geldbeutel, sondern die Lebenslust zählt und die Kunst, selbst einfache Tafelfreuden in den Dienst Aphrodites zu stellen – ob nun als kulinarisches Vorspiel oder als Stärkung zwischendurch. Schon Casanova war durchaus der Ansicht: Es muß nicht immer Kaviar sein, auch duftende Makkaroni, frischer Parmesan und ein guter Landwein

können zum Ziel führen. Doch hatte der erotische wie kulinarische Feinschmecker freilich auch nichts gegen ein galantes Souper mit Austern, Trüffeln und Champagner einzuwenden.

Angefangen hat nicht erst alles mit der griechischen Liebesgöttin Aphrodite – oder Venus, wie sie bei den Römern hieß. Schon in Ägypten war, wie in allen alten Kulturen, die Erotik bzw. erotisierende Mittel – darunter viele auch in der modernen Küche bekannte Pflanzen und Tiere – ein selbstverständlicher Bestandteil des Alltags, der Bräuche und der Kulte. Doch erst die verführerische Aphrodite, die als »Schaumgeborene« nackt am Strand von Zypern einer Muschel entstieg und unter ihren zarten Schritten sofort die duftendsten Blumen, Früchte und Kräuter sprießen ließ, sollte im Abendland der fleischlichen Liebeslust und ihren Hilfsmitteln den Namen verleihen. Noch heute heißt es übrigens in Zypern, daß man ewige Schönheit erlangt, wenn man bei Vollmond dreimal um jenen Felsen bei Petra tou Romiou schwimmt, wo die verführerische Göttin dem Schaum des Meeres entstieg.

Kein Wunder, daß Muscheln wie überhaupt Meerestiere einen ausgezeichneten »aphrodisischen« Ruf genießen. Doch nicht nur Fisch und Meeresfrüchte sind wichtige Bestandteile der erotischen Küche. Auch Fleisch, Obst, viele Sorten Gemüse und Kräuter, Nüsse, Pilze und Wurzeln gelten als Stimulantien der Liebeslust, darunter – als einer der berühmtesten Helfer der Natur – die Ginsengwurzel, die von Asien aus einen unvergleichlichen Siegeszug um die ganze Welt angetreten hat. Auch zahlreiche bekannte Gewürze wie Basilikum und Koriander oder Zimt, Ingwer, Kardamom und Pfeffer haben in Asien, Europa und anderen Teilen der Welt eine lange Geschichte als Aphrodisiaka.

Manche einst wichtigen Zutaten sind in Vergessenheit geraten, so die seit der Antike geschätzte Alraune oder das Binsenkraut, beides unverzichtbare Ingredienzien der Hexenküche. Berühmt-berüchtigte Mixturen wie die Spanische Fliege, die aus den pulverisierten Flügeln einer stark ätzenden spanischen Käferart bestand und vielen Unverbesserlichen Krankheit oder gar Tod brachte, wurden inzwischen verboten. Anderes kam schlicht aus der Mode, denn auch Liebesdiäten gehen mit der Zeit: Spatzenhirne, Schweinsborsten, Hahnenkämme, Hirschphallen oder Stierblut sind »out«, weshalb sie auch nur schwer zu bekommen sind. Zum Glück herrscht kein Mangel an Ersatz, wie sich zeigen wird. Ohnehin geht es bezüglich Liebesrezepte heute mit weniger tierischem Ernst zur Sache. Bürgerliche Vernunft kommt vor verschwenderischem aristokratischen Raffinement oder geheimnisvoller Alchimie, so bedauerlich das sein mag. Und so setzt man in der heutigen Liebeskochkunst mehr auf profane, bekömmliche und gesunde Kost: vitaminreich für die nötige Energie, eiweißreich für Spannkraft und Ausdauer und mit viel Mineralstoffen für lockere Entspanntheit. Aber Vorsicht: Verbissenes Kalorienzählen und die hartnäckige Weigerung, einmal über die Stränge zu schlagen, sind keineswegs im Sinne eines genüßlichen Liebesmahls. Erotische Schlemmereien sollen nämlich vor allen Dingen Vergnügen bereiten. Nichts als reines Vergnügen.

WAS ALLES DAZUGEHÖRT

Erregende Kräuter und Gewürze

Viele Kräuter und Gewürze, die heute in keiner Küche fehlen, werden seit der Antike wegen ihrer amourösen Wirkungen gerühmt. Mit ihrem Gehalt an Mineralien, Vitaminen und ätherischen Ölen dienen sie – allein oder in bestimmten Kombinationen – gezielt zur Entspannung, Luststeigerung, Verbesserung der Potenz, Erhöhung der Orgasmusfähigkeit oder Steigerung der Fruchtbarkeit. »Petersilie hilft dem Mann aufs Pferd«, hieß es einst im Volksmund vom wohl beliebtesten aller Küchenkräuter (und … »Frauen unter die Erd«, lautete die später meist unterschlagene zweite Zeile, weil das Gewürz zu den Abtreibungsmitteln zählte). Auch den dunkelblauen Wacholderbeeren wurden – wie dem Wildpret, das sie würzen – segensreiche Wirkungen in Sachen Liebe nachgesagt. Eingeweicht in Wasser, galten sie als »Trank für die Manneskraft«, was beweist, daß man schon lange vor Viagra »blaue Wunder« erleben konnte.

Liebstöckel, das sagt schon der Name, sorgt als »Stöckel der Liebe« für die nötige harte Linie im Liebesgetümmel; einst hieß es auch »Badekraut«, weil man es in Böhmen kleinen Mädchen ins Bad tat, damit sie später die Gunst der Männer erlangten. Basilikum zählt seit altersher in vielen Teilen der Erde als wichtiges Liebeskraut. Mit seiner durchblutungsfördernden Wirkung bringt es die beteiligten Organe in Hochform und trägt so zur Steigerung der Sinnlichkeit und einem erfüllten Liebesleben bei.

Auch die feurigen »Scharfmacher« unter den Gewürzen – Pfeffer, Paprikapulver und Chili – erweitern die Blutgefäße und fördern so die Blutzirkulation, was zu den erwähnten angenehmen Nebenwirkungen führt. Außerdem wichtig für die Liebesmahlzeit: Scharfe Gewürze fördern die Verdauung und verhindern das müde Abschlaffen nach dem Essen. Gelobt sei also, was scharf macht! Nach diesem Motto heizten schon die Azteken ihren Kreislauf und ihre Liebeskraft mit prickelnden Chilischoten an, bis dieses wichtige indianische Gewürz auch die Europäer auf Touren brachte.

Pfeffer, das allererste nach Europa importierte Gewürz, kannte man dagegen bereits seit dem Altertum. Die Römer, die sogar ihre Süßspeisen und den Wein pfefferten, waren ganz versessen auf das »Stierpulver«, wie sie es nannten, ebenso die Ritter des Mittelalters, die davon trotz horrender Preise unvorstellbare Mengen verwendeten. Aber nicht nur als modischer Gaumenkitzel, sondern auch als sexuelles Reizmittel wurde das exotische Gewürz geschätzt, das wie kein anderes die Kulturgeschichte beeinflußt hat: Der gepfefferten Gewürz-Profite wegen wurden Kriege geführt, Seewege und Kontinente entdeckt und unzählige Menschenleben geopfert. Immerhin verdankt Venedig seinen machtvollen Aufstieg der Gewürz-Gier Europas. Auch Arabien ist daran reich geworden; die Märchen aus Tausendundeiner Nacht, an die wir sofort bei den erregenden orientalischen Düften denken, spiegeln den Glanz jener Epoche wider, als Bagdad Handelsdrehscheibe dieser Luxusgüter war.

Neben Pfeffer, der in Europa zeitweise sogar Zahlungsmittel war, streuten die Ritter und ihre Damen auch tonnenweise und praktisch wahllos Zimt, Muskat, Safran, Nelken u.v.a. in ihre Speisen und Getränke. Sie hielten diese erregenden Gewürze für Sendboten aus sagenhaft duftenden Paradies- und Liebesgärten einer anderen Welt und erhofften sich von ihnen nicht zuletzt eine Steigerung ihrer Liebeskraft.

Ingwer spielte damals eine fast ebenso bedeutende Rolle wie Pfeffer. Die Wurzelknolle mit der phantasieanregenden Form und dem aparten Aroma war seit dem Altertum berühmt. So schätzte man sie schon im alten China und Indien ihrer belebenden, luststärkenden Eigenschaften wegen. Konfuzius, so wird berichtet, nahm keine Mahlzeit ohne Ingwer ein. Die Römer würzten mit Ingwer sogar ihren Wein, in der Hoffnung, dadurch eine

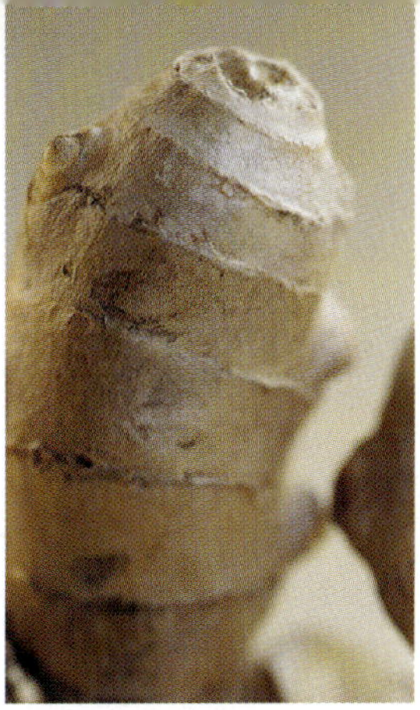

Stärkung der Potenz zu erreichen. Und wer weiß, warum Königin Elisabeth von England, die ein großes Faible für Ingwer – und für Männer – besaß, einmal ihren gesamten männlichen Hofstaat als Ingwerkuchenpuppen modellieren ließ?

Die exotischen Gewürze verfeinern also nicht nur die Speisen, sondern auch die Liebeslust und sollten daher bei keinem erotischen Mahl fehlen. Doch nicht nur die geheimnisvollen, magischen Ingredienzien aus dem Orient, auch der seit langem assimilierte, »anrüchige« Knoblauch, der kaum viel Snob-appeal aufweist, zählt zu den Liebesgewürzen. Seiner intensiven Duftnote sagt man nach, daß sie die Macht hat, sogar Tote aufzuwecken. Und angeblich zogen die Kreuzfahrer mit einer so starken Knoblauchfahne in den Orient, daß davor mehr Feinde zurückschraken als vor ihren Waffen. Hieß es doch damals im Abendland: »Wer an natürlichen und ähnlichen Werken nichts schaffen kann, der esse oft Knoblauch ... Er bekommt wiederum Lust und Kraft«. Knoblauch zählte mit den Zwiebeln und Schalotten zu den »starken Gewürzen der kleinen Leute«, wie die alten Kochbücher sie verächtlich nannten. Knoblauch hieß auch »Vanille des kleinen Mannes«, denn die echte Vanille war, wie alle importierten Gewürze, für das Volk viel zu kostspielig.

Vanille, das noble Luxusgeschöpf aus den Tropen, war wie die meisten aromatischen Gewürze von starker Stimulationskraft und besaß einen großen aphrodisischen Ruf – nicht umsonst war der Genuß der duftenden Stangen in den Klöstern untersagt. (Das gleiche Schicksal teilte übrigens der deftigere Senf, dem starke potenzfördernde Wirkung zugesprochen wurde.) Safran, ein weiteres exotisches Prestigeobjekt, soll nach Ansicht der alten Griechen speziell die sinnliche Begierde der Frauen anstacheln. Und auch der kostbaren Zimtrinde sagte man ähnliche Effekte nach. Die Frauen Oberägyptens schworen auf Pastillen aus Zimt und Honig, um ihre Liebeslust anzuregen, während Aphrodite angeblich mit Hilfe von Zimt müde Liebhaber wieder aufrichtete. »Der Leib der Geliebten ist ein Paradies, das Granatäpfel, Zimt und allerlei Bäume des Weihrauchs hervorbringt«, heißt es im Hohelied (IV.14) über das edel duftende Gewürz, für dessen begehrten Besitz »mann« einst Frauen und Eunuchen tauschte.

Grünzeug mit angenehmen Folgen

Doch nicht nur Kräuter und Gewürze, auch viele Gemüsesorten spielen in der Liebeskochkunst eine wichtige Rolle. Zwar ist das Wissen um ihre erogene Wirkung heute ebenfalls großteils verschwunden, dafür gelten Spargel & Co. als hervorragende Gesund- und Muntermacher. Bekömmlich, würzig und delikat, sind die meisten Gemüse in jedem Fall eine vitale Stärkung vor dem Liebesabenteuer.

Besonders der Clan der Nachtschattengewächse ist im Bereich Erotik stark vertreten. Gemeint ist in diesem Fall nicht der berauschende und äußerst erogene, jedoch gefährliche Familienzweig, dem Alraune, Bilsenkraut, Stechapfel und Tollkirsche (Belladonna) angehören, sondern so harmlos-genießbare Verwandte wie Tomaten, Kartoffeln, Auberginen oder Paprika, die ebenfalls als wirksame Aphrodisiaka gelten. Vor allem die pralle

Tomate zeigt – nicht nur optisch – eine Reihe paradiesischer Wirkungen. Ob als kleine Cocktailtomate (übrigens eine wahre Vitamin-C-Bombe!) oder als üppige Fleischtomate, die »Liebesäpfel« mit ihrem saftig-rotfleischigen Inneren enthalten ungemein viele Vitamine und Mineralstoffe, dazu ätherische Öle, Hormone und Säuren, aber wenig Kalorien – ein perfekter Beitrag zum Liebesmenü, der freilich erst mit der Zeit als solcher geschätzt wurde. Bei ihrer Ankunft in Europa nicht größer als eine Kirsche, hielt man die »Paradiesäpfel« oder »Paradeiser« nämlich lange Zeit für giftig und zog sie nur im Ziergarten, im »Paradiesgartl« eben. Erst allmählich kam man auf den Geschmack, und nicht nur das: Man entdeckte, daß der flammendrote »Pomme d'amour« die Liebeskraft stärkte, weshalb er eine Zeitlang sogar als »Satanspflanze« verunglimpft wurde.

Erotische Leckerbissen in ästhetischer Hinsicht sind auch die gebackenen Blüten von Zucchini und Holunder ebenso wie vom Kürbis, der auch sonst viel zu bieten hat: Seine Kerne enthalten nicht nur Ballaststoffe, Öl und Vitamin E, sondern überhaupt alle guten Stoffe des Kürbisses in konzentrierter Form. Kürbiskerne gelten als biologische Wundersamen für Männer, und zwar bis ins hohe Alter. Es schadet also in keiner Hinsicht, möglichst viel zu knabbern.

Legendär ist der Ruf der drei Gemüse-Klassiker der erotischen Küche: Artischocken, Spargel und Sellerie, die angeblich alles an aphrodisischer Delikatesse bieten, was das Herz – und nicht nur dieses – begehrt. Ob sie ihrem Ruf tatsächlich gerecht werden, wer vermag das sagen? Rein äußerlich ist die Artischocke jedenfalls ein Prunkstück kulinarischer Erotik, und es gibt nicht viel bei Tisch, das erregender ist, als die fleischige Rose

mit der Hand zu entblättern und dann Blatt für Blatt zwischen den Zähnen auszusaugen.

Auch beim Spargel machen der optische Sexappeal, der hohe Vitamin- und Mineralstoffgehalt, der feine Geschmack und die leichte Bekömmlichkeit wohl einiges wett, denn wie die Sellerie wirkt er stark entwässernd, was man früher für lustfördernd hielt, heute jedoch eher störend wirkt. Sellerie enthält übrigens, ob Knolle oder Stange, ätherische Öle, wie sie etwa auch in der Ginsengwurzel enthalten sind und die einen hormonstimulierenden Effekt haben sollen, außerdem Kalium, viel Calcium, Phosphor und ein hormonähnliches Enzym, das einen Anti-Stress-Effekt bewirkt – und eine entspannende Wirkung ist ja nur zu begrüßen.

Vor allem der aphrodisische Ruf des Spargels blieb bis heute ungebrochen. Schon wegen seines Aussehens galt er seit jeher als »Herausforderung der Venus«. In der indischen Ayurveda-Medizin wird er, vermischt mit Milch, als potenzförderndes Mittel eingesetzt. Und das *Kamasutram* empfiehlt ihn als Beitrag zu einem aphrodisischen Cocktail: »Den Sud aus in Milch, Honig und geklärter Butter (Ghee) gekochtem Spargel, Duduchi, langem Pfeffer und Lakritze im Frühjahr getrunken, soll den Körper heiligen, die sexuellen Kräfte wecken, das Leben erhalten und süß schmecken«.

Im alten Griechenland bezeichnete »Spargel« alle Arten von Gemüsen in Stengelform, insbesondere Lattich, dessen hochaufragender Stiel als beliebtes Aphrodisiakum und Sinnbild großer Manneskraft diente. Von der Form her bietet sich ferner der Lauch, eine bevorzugte Gemüsepflanze der Antike, als anregendes Liebesmittel an. Bei den Germanen galt er als Mutmacher, und so manch wackerer Krieger trug ihn im Helm mit, was sich inzwischen erübrigt – obgleich Courage auch heute nie fehl am Platz ist. Ob roh zum Knabbern oder zart geschmort, das Lauchgemüse ist jedenfalls ein gesunder Beitrag zur Liebesnacht.

Wer auf weitere Liebesknollen Wert legt, dem ist der aromatische Fenchel zu empfehlen: Sein zarter Anishauch, der hohe Carotin- und Vitamin-C-Gehalt und die Kalorienarmut machen ihn nicht nur zum beliebten Schlankmacher, sondern auch zum idealen Geschmacks- und Energiespender. »Wie immer gegessen, macht der Fenchel den Menschen fröhlich, bringt ihm eine feine Farbe und guten Körpergeruch und macht zudem noch eine gute Verdauung«, befand die heilige Hildegard, die eigentlich nicht der körperlichen Liebe zuneigte. Und schon den alten Römern galt Fenchel nicht nur als Diätknolle, sondern als Lebenselixier, das u.a. im Ruf stand, die Manneskraft zu stärken.

Liebesfrüchte

Viele Obstsorten stehen Kräutern und Gemüse an erotischem Elan in nichts nach. Im Gegenteil. So gilt der Apfel als Liebesfrucht schlechthin. Griechen, Römer, Etrusker und Germanen weihten ihn ihrer Liebesgöttin und sahen ihn als Symbol für Schönheit, Liebesgenuß und weibliche Fruchtbarkeit. Daß der gutmütige Nikolaus Äpfel und Nüsse verteilt, ist eine Reminiszenz an die Zeiten, als es Brauch war, zu Festen und Hochzeiten Äpfel und Nüsse als erotische, segenspendende Symbole der weiblichen Fruchtbarkeit zu verschenken. Vor allem aber wurde der Apfel im Christentum zum Sinnbild sündiger Verführung. Nun, was Eva recht war, kann ihren Nachfolgerinnen nur billig sein, noch dazu, da mit so folgenreicher Bestrafung wie einst kaum mehr zu rechnen ist. Aber schließlich ist ein duftender, rotbackiger Bratapfel ja auch ein recht harmloser Nachfahre der einst verbotenen Frucht vom Baum der Erkenntnis. Und doch: Bei richtigem Einsatz vermag er, wenn schon nicht zurück ins Paradies, so mit etwas Glück durchaus in den siebten Himmel zu führen ...

Dabei steht nirgends geschrieben, daß es ein Apfel war, der Adam zum Verhängnis wurde. Vermutlich war es in Wirklichkeit ein Granatapfel: die leuchtendrote Frucht ist mit ihrer Vielzahl schwarz-saftiger Kerne ebenfalls ein uraltes Symbol der Liebe, Zeugung und Fruchtbarkeit und berühmt für ihre aphrodisischen und medizinischen Qualitäten. Aphrodite selbst soll auf Zypern den Granatapfelbaum gepflanzt haben. Und die Ägypter gaben die Granatäpfel als Symbole des Lebens ihren Toten in die Gräber mit; denn zahlreiche Kerne hielt man seit je als sichtliches Zeichen starker pflanzlicher Lebensenergie.

Auch die Quitte galt seit der Antike als »Fruchtbarkeitsapfel«. In Griechenland war sie der Aphrodite geweiht und stand sogar in höherem Ansehen als der Apfel. Quitten schenken oder miteinander essen bedeutete, seine Liebe zu erklären oder die Liebe des anderen zu erhören. Und von Quitten träumen, kündete von Liebesglück. Um wieviel poetischer erscheint diese altgriechische im Vergleich zur Altwiener Variante, wo einen Faschingskrapfen teilen bedeutete, schon mit einem Fuß in der Ehe zu stehen – und doch, ob Quitte oder Schmalzgebäck, das Ziel bleibt stets das gleiche! In vielen antiken Göttersagen dienten jedenfalls die Quitten als Symbol für Glück, Liebe, Schönheit und Fruchtbarkeit, und es ist naheliegend, daß man die »goldenen Äpfel« in Liebesdingen auch als Stimulans schätzte. Noch bei der Krönung Maximilian II. im Jahre 1562 kamen jede Menge Quittenspeisen auf die Tafel, die die Schwestern des Neugekrönten eigenhändig zubereitet hatten. Später sind diese herben, vitaminreichen Früchte ein wenig aus der Mode gekommen, während etwa die Feige – seit Jahrtausenden ein Glücksbringer – noch bis heute stark mit Erotik verknüpft wird.

Im Orient ein Sinnbild der Fruchtbarkeit und der Fortpflanzung, galten Feigen als männliches wie weibliches Sexualsymbol, dem auch starke aphrodisische Wirkungen zugesprochen wurden. Vor Übertreibungen sei aber in diesem wie in jedem anderen Fall gewarnt, denn daß sich Unmäßigkeiten bitter rächen können, zeigt das Beispiel des italienischen Kardinals Pompeo Colonna, den – wie berichtet wird – eine Feigenorgie anno 1532 das Leben kostete …

Der Feige steht an Weiblichkeit die weiche, duftende und saftig-süße Aprikose in nichts nach. Ihr rosiges, ovales Rund mit der zarten Kerbe bietet sich geradezu zu erotischen Vergleichen an. In Indien wurde sie zum Synonym für das weibliche Genital, während in Japan und China diese Stelle der erregend-aromatische, samtige Pfirsich einnimmt …

Pilze – die Phallen der Erde

Zur erotischen Luxusklasse unter den Pilzen zählt – ob weiß oder schwarz und in welcher Größe auch immer – eindeutig die Trüffel. Kostbar und teuer, eilt dem exklusiven Liebesmittel in erotischer Hinsicht ein legendärer Ruf voraus. Fest steht, daß die unterirdische Delikatesse, die vorzugsweise von dressierten Schweinen erschnüffelt wird, eine hohe Konzentration von hormonellen Lockstoffen (Pheromone) aufweist und damit Männer wie Frauen sexuell anzieht. Ob Trüffeln darüber hinaus auch wahrhaftig jene potenzsteigernde Wirkung zeitigen, für die sie schon in der Antike gerühmt wurden, sei dahingestellt. Entspannend und erregend zugleich, weckt jedenfalls ihr sagenhafter Duft sämtliche Sinne, die für eine aufregende Liebesnacht vonnöten sind. Wie der berühmte Gourmet Brillat-Savarin berichtet, waren seine Zeitgenossen der Meinung, »daß die Trüffel zur Liebe einlade«. Er selbst konnte sich ein feines Mahl mit einer schönen Dame ohne Trüffeln überhaupt nicht vorstellen. Auch Napoleon schwor auf die sinnliche Kraft des »Diamanten der Küche«. Ein tröstlicher Hinweis für alle, die auch ohne Duft von frisch gehobelten Trüffeln auf erotische Gedanken kommen wollen oder müssen: als erschwingliche und köstliche Alternative tut's Trüffelöl auch!

An dieser Stelle sei ein bildschöner, wenn auch nicht küchentauglicher Pilz rehabilitert, der etwas zu Unrecht in Verruf gekommen ist: der farbenprächtige Fliegenpilz, der bei weitem nicht so gefährlich ist wie sein Ruf. Freilich, ganz so harmlos, wie es das bekannte Kinderlied nahelegt, ist das einbeinige »Männlein im Walde« aber auch wieder nicht. Der stark halluzinogene Pilz, der in geeigneter Dosierung erotische Empfindungen hervorrufen kann, gehört nämlich zu jener wichtigen Gattung von Aphrodisiaka, die in diesem Buch nicht aufgetischt werden: die stark psychoaktiven Pflanzen und Früchte, wie Bilsenkraut, Tollkirsche, Hanf, Schlafmohn oder eben der Fliegenpilz, die seit altersher die Liebestränke würzten. Von den Zeiten, als Pflanzen und Früchte mit bewußtseinsverändernder Wirkung noch ihren fixen Platz in der Liebesküche hatten, blieb bei uns nur der Ruf des Fliegenpilzes als Glücksbringer übrig. Kaum jemand denkt heute beim Anblick des unschuldigen »Neujahrs-Schwammerls«, umrankt von Kleeblatt und Rauchfangkehrer, noch an dessen magische Vorgeschichte, als dieser »Glückspilz« als mächtige Droge aus den Zaubertränken und Flugsalben der Hexen nicht wegzudenken war. Gut denkbar, daß in dem

bekannten Lied, das einst vielleicht gar nicht für Kinder gedacht war, die große Vergangenheit des Fliegenpilzes bis heute nachklingt.

Aphrodisiaka aus dem Wasser

Neben den Früchten der Erde eilt, wie schon gesagt, vor allem den Früchten des Meeres ein aphrodisischer Ruf voraus. Allein der Mythos der schaumgeborenen Aphrodite symbolisiert wie kein anderer die uralte Verbindung des Meeres mit dem Eros. Muscheln, Krabben, Krebse, Fische – kaum ein Meerestier, das nicht als sexuell anregend gilt, allen voran die Seeigel mit ihrem grell-orangefarbenen Rogen und die zierlichen Seepferdchen, die im pulverisierten Zustand in Asien als hochwirksame Liebeselixiere gelten.

Mit der Hand gegessen, bereiten Meeresfrüchte außerdem ein überaus sinnliches Eßvergnügen. Dem gemeinsamen Genuß gegrillter oder gebratener Scampi, deren zart-weißes Fleisch Stück für Stück aus seiner knusprigen rosaroten Schale gebrochen wird, kommt an erotischer Delikatesse nur noch das lustvolle Entblättern der Artischocke gleich – oder der prachtvolle, tiefrote Hummer, ehemaliges Statussymbol der Reichen, Kurtisanen und Lebemänner. Absolute Krönung eines solchen Fests des gemeinsamen Schlürfens, Flutschens, Schmatzens und Saugens aber ist – mit oder ohne Perle – die Auster. Nicht eine, nein, Casanova empfahl mindestens 50 Stück am Tag, um den Effekt des Austernsafts auf die Liebeskraft zu garantieren, wobei er die begehrten Happen der Liebsten vorzugsweise mit den Lippen darbot. Der französische König Heinrich IV. verzehrte angeblich gar 300 Stück zum Diner. Und noch Brillat-Savarin berichtet, daß sich bei festlichen Soupers »immer eine gewisse Anzahl von Gästen befand, welche erst aufhörten, wenn sie ein Gross (12 Dutzend=144 Stück) verschluckt hatten.« Wobei der Meister vorrechnet, daß ein Gross Austern drei Pfund wog! Solch maßlose Rekorde können wir heute nur bestaunen, in der Hoffnung, auch mit einem gelegentlichen halben Dutzend bei erogenen Kräften zu bleiben. Doch gleichgültig wieviel oder wie oft, wer bei seinem Partner stilvoll Lust und Verlangen schüren möchte, kommt um diese erotische Köstlichkeit, die so herrlich nach Meer und Begehren duftet, nicht herum. Ein festlicher Tisch bei Kerzenschein, eine Flasche Champagner und dazu rohe Austern sind wohl der Inbegriff sinnlicher, ja verruchter Schlemmerei, besonders wenn man bedenkt, daß ohne sie einst ein galantes Techtelmechtel im diskreten Chambre séparée undenkbar war.

Zum perfekt verführerischen Tête-à-tête fehlen jetzt nur noch die schimmernden Perlen des Kaviars – grau oder schwarz vom Stör und rosarot vom Lachs. Denn auch den schlüpfrigen, kostbaren Fischeiern wird, wie Austern und Trüffeln, höchste erotische Wirkung nachgesagt. Schon im alten Griechenland schätzte man die winzigen Lustperlen mit dem erotischen Geschmack, deren hoher Eiweißgehalt Männer und Frauen sexuell anregt. »Der Kaviar bringt das Blut in Wallung und stärkt die Manneslust«, heißt es in Rußland, wo man es eigentlich wissen sollte, denn von hier stammt der beste Kaviar der Welt.

Tierisch stark

Überhaupt schrieb man Eiern – aus naheliegenden Gründen – in allen Kulturen liebesweckende und wiederherstellende Kraft zu. Auch sonst läßt sich mit ihnen allerhand anstellen. Ob man nun das Gelbe vom Ei roh von Mund zu Mund schlüpfen läßt oder wie Peggy Bundy aus der *Schrecklich netten Familie* davon träumt, Spiegeleier von der nackten Brust exotischer Limbotänzer zu schlürfen – der Phantasie sind keine Grenzen gesetzt. Fest steht, daß im Ei, ob roh, gebraten oder gekocht, ein beachtlicher Eiweiß-, Vitamin- und Eisengehalt, somit also ein ziemliches Power-Potential, steckt. Kein Wunder, daß ein Beef tatar, gekrönt von rohem Ei, als reinste Sex-Kraftnahrung gilt.

Apropos Beef: Man muß hinzufügen, daß das Verschlingen von rohem Fleisch ungemein erregend wirken kann – und ziemlich sündig. Nicht erst im gegenwärtigen Zeitalter des um sich greifenden Vegetarismus haftet nämlich der ungenierten Befriedigung fleischlicher Gelüste etwas Verpöntes an. Schon die Geistlichkeit des Mittelalters wußte, daß es nicht weit ist von der Gaumen- zur Fleischeslust, und empfahl eindringlich, sich des Fleischgenusses zu enthalten. Auch spätere Fastenordnungen erlaubten Fleisch nur in bestimmten Fällen. Denn Fleisch galt immer als sexuelles Stimulans. Bereits im alten Rom glaubte das Volk, Fleisch mache geil, was angesichts der prall mit Fleisch- und Wurstwaren gefüllten Säue auf den dekadenten Tafeln der Reichen kein Wunder war. Noch Anfang unseres Jahrhunderts hielt man halbrohe Steaks für ein Aphrodisiakum, wie Rezepte aus jener Zeit zeigen. Das blutige Beef sollte, so hoffte man, mit seiner sinnlichen Kraft die Begierde und auch anderes aufrechterhalten.

Was man damals noch nicht wußte: Fleisch ist, neben Gemüse und Obst, ein üppiger Vitaminlieferant und somit ein Beitrag zur Steigerung von Vitalität, Lebenslust und Liebeskraft. Schweinefleisch – übrigens ein Vitamin-B-Spender – war jedenfalls jahrhundertelang, unbeleckt vom diätlichen Pro und Kontra, in weiten Teilen Europas Nahrungsgrundlage. Kein Wunder, daß sich jede Menge »Schweinereien« großer Beliebtheit erfreuten: Saurüssel, Schweinsborsten, Schweinefett, Schweineherz – viele Teile des dicken Haustiers dienten (nicht immer stubenreinen) Volksbräuchen, die Liebe und Ehe, Glück und Segen bescheren sollten, wovon das »Glücksschwein« – wie der Fliegenpilz ein beliebtes Neujahrs-Symbol – bis heute zeugt. Schwein muß der Mensch haben! Wenn Sie diesen Satz wörtlich nehmen wollen, erkundigen Sie sich lieber vorsichtshalber, ob Ihr Gast Fleisch ißt, und wenn ja, ob Schweinefleisch – nicht in allen Kulturen ist das selbstverständlich.

Um zu leichterer fleischlicher Kost überzugehen: Auch Geflügel beflügelt die Sinne. Es ist aromatisch und bekömmlich und außerdem schnell und einfach zuzubereiten. Nicht nur bei Tauben, Wachteln oder Hähnchen, auch bei Fasan oder Truthahn besteht wenig Gefahr, daß Ihr Gast müde oder träge wird. Im Gegenteil: Geflügel aktiviert. Und man kann es mit den Händen essen, was zu aufregend-triefenden Wonnen jenseits aller guten Tischmanieren führen kann, wie schon erwähnt wurde. Zum Zerteilen darf man allerdings getrost die Geflügelschere zücken und muß nicht, wie am Hof Cesare Borgias angeblich üblich, den Fasan mit bloßen Händen zerreißen oder aber wie König Artus einen Pfau freihändig in 150 gleich große Stücke teilen können. Doch ehrlich, wer wäre nicht, schon aus ganz anderen Gründen, ohnehin von so vielen strammen Rittern in einer Tafelrunde überfordert, selbst wenn man diesen Paradiesvogel auftreiben und derart präzise tranchieren könnte?

Wildgeflügel – also u. a. wilde Tauben, Wachteln, Flugenten oder Fasane – gilt als weibliches Aphrodisiakum. So war die Taube im Altertum der »Liebling der Venus«. Nach der altsyrischen Mythologie etwa brütete eine Taube im Euphrat das Ei aus, das die Göttin der Liebe verschloß, weshalb dieser Vogel für heilig und unverletzlich gehalten wurde.

Aber auch die Hasen standen immer in enger Beziehung zu Frauen. Antike Gefäße zeigen sie deshalb häufig als Spielgefährten der Aphrodite. Die angelsächsische Göttin der Fruchtbarkeit liebte sie ebenfalls und machte die Hasen zum Frühlingssymbol, womit der Weg zum Osterhasen geebnet war. Der Hirsch mit seinem mächtigen Geweih hingegen gilt eindeutig als Männlichkeitssymbol. Er dient als Sinnbild wilder Lüsternheit, vor dessen unbändiger Potenz – nach männlichem Jägerlatein – so manche überforderte Hirschkuh entsetzt Reißaus nimmt, weshalb Hirschphallen und -hoden immer als besondere aphrodisische Spezialitäten geschätzt wurden. Hirschfleisch gilt zudem als besonders aromatisch. »Nach einer Stunde Hirsch ist man ein Paar«, sagt Martin Walser nicht umsonst in seinem Roman *Halbzeit*. Womit über die erotischen Qualitäten eines saftigen Hirschbratens eigentlich alles gesagt wäre.

Wunderbare Wurzeln und Rinden

Bevor wir auf unserem Streifzug durch die erotische Speisekammer zu den aphrodisischen Süßigkeiten gelangen, noch ein Wort über Amors wohl mächtigste Wunderwaffen: Alraune, Ginseng und Yohumbé. Die magische Alraune wurde seit der Antike als Zauberwurzel verehrt. Die Hexenpflanze in Menschengestalt, auch »Galgenmännlein« genannt, hat berauschende, stark enthemmende und luststeigernde Wirkung und kann bei falscher Dosierung durchaus gefährlich werden. Auch die Ginsengwurzel hat – in erstaunlicher Parallele – oft menschenähnliche Form. Die legendäre »Wurzel des Himmels« ist das berühmteste Aphrodisiakum Asiens und eines der ältesten Allheilmittel der Welt. Die mythische Heilpflanze mit tonischer Wirkung, deren Gehalt an ätherischen Ölen außerdem hormonstimulierenden Effekt besitzt, hat heute auch in der modernen Medizin Einzug gehalten. Sie ist in allen erdenklichen Handelsformen und Preisklassen zu haben (Vorsicht vor Etikettenschwindel!).

Nur die wilde Wurzel aus Korea ist, wenn sie einem Menschen mit Phallus gleicht, noch immer kostbar und unerschwinglich und gilt als das beste vorbeugende »Lenzmittel«. Aus Afrika stammt die hochwirksame aphrodisische Rinde des Yohimbé-Baumes, deren erektionsfördernder Wirkstoff Yohimbin sogar von der modernen westlichen Wissenschaft anerkannt wird. Früher wurden daraus *Dragées d'amour* hergestellt, heute ist der mächtige, rasch wirksame Stoff aus den westafrikanischen Regenwäldern Bestandteil vieler einschlägiger pharmazeutischer Präparate.

Und schließlich noch ein liebespflanzlicher Nachtrag: Lateinamerika schenkte den Liebenden neben dem mescalinhaltigen Peyote-Kaktus unter anderem die stimulierende Pflanze Damiana, aus deren Blättern seit alter Zeit ein indianisches

Liebesmittel gewonnen wird; geraucht, aufgebrüht, mit Alkohol versetzt oder als Dragees, erfreut sich auch dieses wirksame Aphrodisiakum heute weltweiter Beliebtheit.

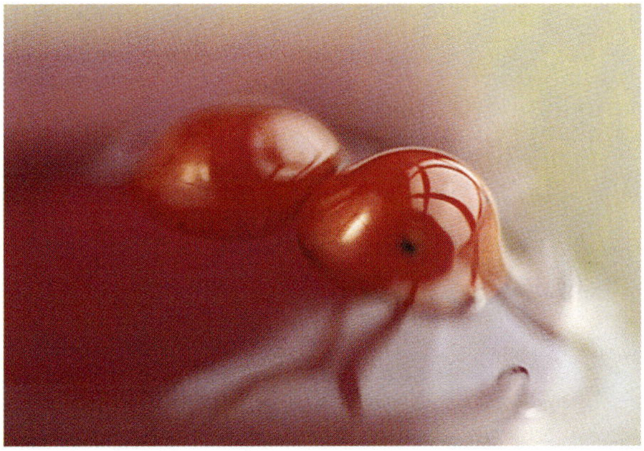

Dolce vita

Der Honig – in Farbe, Geschmack und Konsistenz eine einzige Liebeserklärung – ist der älteste Süßstoff der Menschheit. Der »Himmelsnektar« wurde seit erdenklichen Zeiten wegen seiner magischen, erregenden und Lust erzeugenden Kraft gerühmt. Nicht umsonst nennt man die Flitterwochen »Honigmond«, und auch sonst ist das klebrig-süße Bienenprodukt mit der wunderbaren Wirkung in Liebesdingen und Koseworten sprichwörtlich geworden. Vor allem das kostbare Gelée Royal, mit dem die Larve der Bienenkönigin gefüttert wird, gilt nicht nur als vielseitiges Allheil-, sondern in besonderem Maß auch als potenz- und luststeigerndes Mittel.

Der Siegeszug der Schokolade, einer weiteren erotischen Leckerei, ist in Europa weitaus jünger. Columbus brachte sie aus der Neuen Welt mit und entzückte damit die lüsterne Aristokratie. Das mexikanische Produkt, so hieß es, spende – richtig behandelt – ausgezeichneten aphrodisischen Auftrieb. Entsprechend soll Madame Dubarry ihre Liebhaber erfolgreich mit heißer Schokolade verführt haben. Casanova ließ sich zum Frühstück zeit seines Lebens täglich eine Tasse Schokolade ans Bett servieren, vorzugsweise von einer oder – noch besser – mehrerer seiner Angebetenen. Und der Botaniker Linné nannte den Kakaobaum Cacao theobroma: Göttertrank! Heute nimmt man an, daß es der Inhaltsstoff Theobromin ist, der möglicherweise einen lustfördernden Effekt hat. Kakao schützt gegen Schlappmachen. Er hat bereits die Mayas und Azteken auf ihren Gewaltmärschen fitgehalten, und es ist seither kein Geheimnis: Schokolade macht nicht nur happy, sondern stärkt auch und ist gut für die Ausdauer. So legte Brillat-Savarin wollüstig Erschöpften, aber auch geistig Ausgebrannten seine »Chocolade der Betrübten« ans Herz: einen Drink aus heißer Schokolade, versetzt mit Ambra, der, wie der große Gastrosoph versichert, in Sachen Wiederbelebung wahre »Wunderdinge« vollbringt. Trotz dieser Einsichten hat jedoch die Schokolade inzwischen als Sexstoff etwas an Bedeutung eingebüßt. In Sachen Herz-Schmerz ist sie, heute mehr in fester als in flüssiger Form genossen, freilich ein bewährter Seelentröster geblieben; ein Umstand, der auch von der Wissenschaft genützt wird: Theobromin, das zu Hochgefühlen verhilft, wird heute von der modernen Medizin gegen Depressionen eingesetzt.

Einfach berauschend

Aufmunternde Zwecke bei Liebeskummer erfüllt seit jeher auch der Alkohol. Doch versieht er schon seit Urzeiten noch andere Dienste: Er beschwingt, löst die Zunge, läßt die Schranken (und vielleicht auch die Hüllen) fallen, macht aus uns charmesprühende Draufgänger oder raffinierte Femmes fatales, je nachdem, räumt Zweifel und Gewissensbisse aus, kurz, er trägt zur vergnüglichen Leichtigkeit des Seins bei. Selbst im Tierreich wirkt seine Faszination: Wie beobachtet wurde, feiern auch Affen Feste mit vergorenen Früchten! Doch Zweibeiner, aufgepaßt: So angenehm, anregend und enthemmend der Stoff auch wirken mag, ein Zuviel des Guten schadet der lustvollen Aktivität, die er eben noch beflügelt hat. »Er fördert das

Verlangen und dämpft das Tun«, heißt es bei Shakespeare über den Alkohol, und er wußte, wovon er sprach, denn zu seiner Zeit löschte man den Durst nicht mit Wasser, sondern ausschließlich mit Wein und Bier.

Der Wein ist – wie die Trauben, aus denen er gewonnen wird – ein uralter Begleiter der menschlichen Lüste. Seit Jahrtausenden floß er an den Tafeln der Reichen, die seine Wirkung noch mit schweren, sinnlichen Gewürzen verstärkten, ebenso wie an den Tischen der Armen, wo er oft genug den Hunger zu betäuben hatte. Wie sehr der Wein wegen seiner erotisierenden Wirkung geschätzt war, zeigt, daß er in vielen Kulturen mit lüsternen Göttern und orgiastischen Kulten in Verbindung gebracht wurde.

So war bei den Griechen Aphrodite die Gefährtin des wilden Dionysos, Gott des Rausches und der Sinnesfreuden, der samt seinem erotischen Gefolge in ekstatischen Festen gefeiert wurde. Auch auf den »Symposien«, den altgriechischen Trinkgelagen, verbanden sich Rebensaft und Erotik. Schöne Knaben kredenzten den Wein, während nackte Tänzerinnen, Akrobaten und eindeutige Pantomimen die Gäste animierten. Auch die berühmt-berüchtigten römischen Orgien waren nicht denkbar ohne den überaus süßen, gewürzten Wein, wie man ihn damals liebte und für den der Wein-Gott Bacchus – Gegenstück zu Dionysos – zuständig war.

Noch älter als Traubenwein ist vermutlich der Honigwein oder Met, hergestellt aus gewürztem, gegorenem Honig, der mit ziemlicher Sicherheit schon die steinzeitlichen Jäger und Sammlerinnen erfreute, ebenso der Palmen- und Dattelwein. Der Wein ist also ein uraltes »Geschenk Gottes«, das – wie andere wichtige Nahrungsmittel – mit den Menschen wanderte. Denn bei aller Freiheitsliebe – zum Wein, selbst wenn er vom Eroberer kam, hat bekanntlich noch kein Volk nein gesagt, ebensowenig wie zu den Freuden, die er weckt. Lust und Rausch gehörten also durch die Jahrtausende zusammen. Und eine Chronik aus dem Jahr 1695 berichtet noch von lockeren Weinlese-Bräuchen in Frankreich und Deutschland, wonach die traubenlesenden Burschen und Mägde »nach dem Essen, das aus Fleischzukost mit Hirse besteht, untereinander spielen und huren, indem die Burschen den Mägden die Brüste bloßlegen und küssen ...« Der Geist des erotischen Dionysos-Kults blieb also durchaus lebendig. Heute ist an die großen Räusche antiker Dionysosfeiern oder der Renaissancefeste allerdings nicht mehr zu denken – und im Hinblick auf die folgende Liebesnacht auch nicht unbedingt zu empfehlen.

Für den aufregenden Prickel an der erotischen Tafel sorgt keiner so gut wie der König der Weine: der Champagner. Mit Austern, Trüffeln und Kaviar gilt er als Höhepunkt eleganter Verführungskunst. Doch selbst wer schlichtere Varianten dieses edlen Getränks bevorzugt, kommt kaum zu kurz, solange der Vorrat an Phantasie nicht ausgeht: Preiswerter Sekt eignet sich schließlich genauso vorzüglich dazu, nicht nur die Kehle, sondern auch andere Körperteile hinunterzufließen ... Und wer gar darin baden will, wie es die romantische Madame Hortense aus *Alexis Sorbas* im Beisein ihrer stattlichen Liebhaber von der Marine tat, wird aus ökonomischen Gründen ebenfalls Sekt den Vorzug geben. Wie Madame übrigens verträumt berichtet, pflegten die vier Admirale mit ihren duftenden Bärten vom Badewasser zu schlürfen, bis sie berauscht waren – eine nicht immer erwägenswerte Variante!

Ob Aperitifs, Cocktails, Drinks oder Liköre – die Kulturgeschichte zeigt, daß Liebende in der ganzen Welt sich schon immer gerne mit einem geeigneten Liebestrank in Stimmung gebracht haben. Arabische, indische oder Südsee-Liebesnächte wurden mit magischen Drinks angeheizt; auch Ludwig XIV. soll mit einer aphrodisischen Mixtur aus Ingwer, Kardamom, Zimt, Honig und frischen Früchten nachgeholfen haben. Selbst der Zaubertrank, den der Druide Miraculix in *Asterix* braut, hat, wie nachgewiesen wurde, ein geschichtliches Vorbild: In der *Historia Naturalis* des Plinius findet sich die Beschreibung eines wundertätiges Gebräus auf Mistelbasis, das »unfruchtbare Tiere wieder fruchtbar machen« konnte. Natürlich kann man sich auch mit einem Glas Wein oder Champagner begnügen, aber ein selbstgemixter Liebestrank – für den Sie in diesem Buch genügend Anregungen finden – erzielt beim »Behexen« sicher größere Erfolge.

MAGIE DER GEFÜHLE

Für gewiefte Verführungskünstler ist es eine Binsenweisheit: Zum knisternden Rendezvous bei Tisch gehört mehr als die richtige Auswahl an Speisen und Getränken. Kerzenlicht, Musik – ganz gleich, ob schmachtender Tango, Elvis oder Mozart –, ein gutes Gespräch, viel Humor (das Wort kommt übrigens aus dem Lateinischen und bedeutet *Säfte*!) und alle Zeit der Welt sind in ihrer aphrodisischen Wirkung nicht zu übertreffen. Vor allem Blumen haben in der Liebe schon immer eine große Rolle gespielt. Kein Kavalier, der etwas auf sich hält, erscheint zur Verabredung ohne Rosenstrauß. Doch nicht nur in der Vase, auch in der Küche spielen Blumen eine große Rolle. Gebackene Blüten, kandierte Rosenblätter oder Veilchen, Blütenblätter am Tellerrand sind die Zierden jedes erotischen Mahls. Blumen bringen die Gefühle zum Schwelgen. Das betörende Spiel ihrer Farben und Düfte erregt die Sinne und weckt die Leidenschaft. Rot für die Liebe, Blau für die Treue, Violett als Farbe der weiblichen Sexualität – kein Farbton, der nicht seine Bedeutung und Geschichte hätte. Und kein Duft, der ohne Wirkung bliebe. Denn die Liebe geht nicht nur durch den Magen, sondern vor allem auch durch die Nase. Gerüche führen ohne Umweg ins Zentrum der Gefühle, wo sie längst vergessene Erinnerungen wachrufen, uns aus unerklärlichen Gründen abstoßen, anziehen, in Glück und Euphorie oder eben in himmlische Lust versetzen können.

Ob Parfüm, Duftkerzen, Räucherstäbchen oder Blumenstrauß – Wohlgerüche sind Leidenschaft und Sinnlichkeit pur. Keine wußte das besser als Kleopatra, die den Römer Mark Anton auf einem Bett von Rosenblättern verführte. Im *Kamasutram*, dem berühmten Lehrbuch der indischen Liebeskunst, nimmt das »Mischen von Wohlgerüchen« einen wichtigen Platz unter den erotischen Künsten ein. Und daß Düfte bis ins hohe Alter begehrenswert machen, beweist ein Histörchen der 75jährigen Königin Elisabeth von Ungarn, der die Rezeptur für »Ungarisches Wasser«, eine mit Alkohol angereicherte Duftessenz aus Rosen und Rosmarin, anno 1370 eine späte Liebschaft mit dem König von Polen beschert haben soll.

Als erogene Duft-Marken für einen zweisamen Abend sind außer den verführerischen Rosen auch anregende Maiglöckchen zu empfehlen, außerdem

Gardenien für die Kontaktfreude, Narzissen als Stimmungsmacher und Ylang-Ylang für die Sinnlichkeit. Hyazinthenduft bringt das Sexleben in Schwung. Die Tuberose soll hervorragend auf Männer wirken. Und Jasmin ist ideal für das erste Mal, denn sein Duft fördert Selbstsicherheit, Vertrauen und Gefühlsüberschwang. An Duftessenzen wirken ferner Ambra (vom Pottwal), das im Orient schon lange als Aphrodisiakum dient, sowie Moschus, Patchouli und Sandelholz erotisierend. Dazu vielleicht eine Dekoration aus Schwarzen Johannesbeeren, denen man ebenfalls ein sexuell erregendes Aroma nachsagt, oder einer sinnlich-geheimnisvollen Orchidee. – Eigentlich kann bei soviel aphrodisischer Schützenhilfe kaum noch etwas schiefgehen …

ESSEN – DIE ZWEITSCHÖNSTE SACHE DER WELT

Appetit kommt vom lateinischen Wort *petere*, was soviel heißt wie: auf etwas fliegen, sich auf etwas stürzen – was ja wohl gleichermaßen für den kulinarischen wie für den Liebeshunger gilt. Aber nicht immer wird lustvolle Gier im Vordergrund stehen. LiebeskochkünstlerInnen wissen: Gut Ding braucht Weile, Phantasie und Raffinesse. Ohne sie geht nichts, auch wenn das Liebesmahl noch so perfekt bereitet ist. Dennoch: Der beste Weg, einander näherzukommen, führt über ein genießerisches gemeinsames Essen. Wobei man es mit dem vergnüglichen Ablauf niemals so genau nehmen sollte. Es soll ja schon vorgekommen sein, daß sich die Speisenfolge plötzlich geändert hat – schließlich gibt es Dinge, die besser sind als das beste Hauptgericht, das leckerste Dessert. Heißt es doch schon im *Kamasutram*: »So weit nur reicht das Gebiet der Lehrbücher, als die Menschen nur mäßige Erregung spüren: wenn aber das Rad der Wollust in Gang gekommen, dann gibt es kein Lehrbuch und keine Reihenfolge mehr.«

In diesem Sinne ist auch nichts gegen einen Ortswechsel einzuwenden. Zum Beispiel kann es unter Umständen durchaus ratsam sein, das Geschehen in die Küche zu verlegen: Meist anheimelnd und etwas abgelegen, ist sie ein duftender, warmer, sinnlicher Ort, an dem die meisten auftauen. Eine Art privates Chambre séparée sozusagen. Außerdem: Hitze und Unordnung regen an. Und auf dem Küchentisch läßt sich, wie man weiß, außer Gemüse schnipseln und Teller stapeln einiges mehr anstellen.

Essen ist eben doch nur nur die zweitschönste Sache der Welt. Diese Einsicht sollte auch helfen, wenn ein Gericht vielleicht nicht ganz gelingt. Solange Sie der Humor nicht verläßt und der Champagner nicht ausgeht, ist nichts weiter schlimm …

Dieses Buch enthält überwiegend Liebesrezepte für zwei. Das heißt aber nicht, daß Sie die Vorschläge nicht für eine Ménage à trois oder ein Gelage zu mehrt erweitern können. Stellen Sie zusammen, wie viel und worauf immer Sie Lust haben: ein opulent-erotisches Festmahl nach allen Regeln der Kunst oder einen kulinarischen »Quickie«. Alles ist erlaubt. Dekorieren Sie, wie es Ihnen gefällt, verstecken Sie Botschaften im Kuchen oder kleine Geschenke, formen Sie Brotteig, Marzipan, Eiscreme und Pudding nach Ihren Vorstellungen, experimentieren Sie mit Farben, benützen Sie Liebes- und erotische Symbole. Lebkuchenherzen etwa, wie man sie vom Jahrmarkt kennt, dürften auf uralten Liebeszauber zurückgehen – dies und anderes läßt sich nach Lust und Laune durchaus abwandeln oder, wenn es sein muß, erfinden und mit Liebe servieren. Und wenn Sie einen theatralischen Hang haben, dämpfen Sie das Licht und machen Sie geeignete Musik an, ehe Sie ein ganz spezielles Dessert in knisternder Atmosphäre servieren: etwa eine Götterspeise in sexy Form – ohne Besteck! Der Frivolität sind keine Grenzen gesetzt. An allem darf genascht werden. Lassen Sie der sinnlichen Vereinigung von Sex und Gusto freien Lauf. Erliegen Sie der Versuchung. – Alle Macht der Phantasie!

Kleine Bisse(n)

HORS D'ŒVRES

Zärtliche Vorgeplänkel für den Gaumen – die verspielten Häppchen küssen den Appetit wach und sind ein köstliches Versprechen auf die Genüsse danach. Eigentlich heißen sie ja Amuse gueule, also frei übersetzt: Gaumenfreude, doch im Grunde genommen ist auch das nur ein anderer Name für die kleinen Glückseligkeiten vorweg, die man am besten mit dem Aperitif serviert.

Erotischer Auftakt
Weißbrot mit frühlings-frischer Kräuterbutter

Zutaten (für 2 Pers.)
100 g weiche Butter
etwas Saft von einer Limone (oder Zitrone)
je 1/2 TL Petersilie, Schnittlauch, Basilikum und Kerbel (sehr fein gehackt)
1/2 Knoblauchzehe (gepreßt)
1 Schalotte (kleingehackt)
Salz und Pfeffer

Die Butter schaumig rühren und mit den Zutaten vermischen, dann in eine Schale füllen und 1 Stunde in den Kühlschrank stellen. Mit frischem Brot oder Toast servieren.

Tip: Verwenden Sie Herzformen für das Brot. Sie können die Kräuterbutter auch in Herzförmchen ausstechen und auf Steak oder Fisch servieren!

Fingerfood
Kartoffelhäppchen mit Forellenrogen

Zutaten (für 6 Stück)
6 frischgekochte mittelgroße Kartoffeln (Heurige)
7 EL Crème fraîche
etwas milder Meerrettich (Kren), frisch gerieben
ein Gläschen Forellen- oder Lachsrogen
1 unbehandelte Orange

Die Kartoffeln auskühlen lassen, halbieren und etwas aushöhlen. Die Crème fraîche mit dem Meerrettich verrühren und in die Kartoffelhälften geben. Etwas Forellen- oder Lachsrogen obendrauf häufen und mit einer Orangenzeste garnieren.

Sanfter Gaumenkitzel
Gefüllte Artischockenherzen

Zutaten (für 2 Pers.)
6 gekochte Artischocken-herzen (ev. aus der Dose)
einige feine Räucherlachsstreifen
Kapern
Dill
Salz
Olivenöl
Zitronensaft

Artischockenherzen vierteln, leicht salzen, jeweils mit einem gerollten Lachsstreifen, einer Kaper und etwas Dille garnieren. Mit Olivenöl und Zitronen-saft marinieren.

Verwenden Sie in der erotischen Küche reichlich frische, duftende Kräuter wie Basilikum, Kerbel, Koriander, Majoran oder Petersilie – als Kräuterbutter oder Kräuteröl, in Salatsaucen, als Würze beim Kochen, kleingehackt vor dem Servieren über Salat und Suppe oder als zarte Garnierung über den Tellerrand gestreut.

Frivole Früchtchen
Feigen mit Käsehäubchen

Zutaten (für 8 Portionen)
4 frische Feigen
100 g Ziegenfrischkäse
3 EL Schlagsahne
frischer Thymian

Die gewaschenen Feigen häuten und halbieren. Den Ziegenfrischkäse mit der Schlagsahne verrühren und mit dem Spritzsack jeweils der Länge nach einen Streifen in die Mitte der Feigenhälften spritzen. Mit Thymianblättchen garnieren.

Tip: Besonders fein wirken die aufreizenden Häppchen in Backpapierförmchen.

Energiespender
Datteln im Speckmantel

Zutaten (für 8 Stück)
8 frische Datteln
8 Mandeln
8 Scheiben Frühstücksspeck

Datteln entkernen und die Schale abziehen. Jede Frucht mit einer Mandel füllen und mit einem Speckstreifen umwickeln, mit einem Zahnstocher feststecken. Knusprig ausbraten oder grillen.

Tip für Vegetarier: Die Datteln mit cremigem Frischkäse füllen!

Lustfaktor Meer
Mango-Garnelen

Zutaten (für 8 Stück)
1 Mango
Lauchzwiebel
8 Riesengarnelen
Salz, Pfeffer, frischer Koriander
Öl zum Braten

Die Mango in 8 Würfel und die Lauchzwiebel in 8 feine Streifen schneiden. Die Riesengarnelen (roh, ohne Schale) in Öl ca. 2 Min. braten. Salzen, pfeffern, mit Korianderblättchen bestreuen. Garnelen, mit den Lauchzwiebelstreifen garniert, mit Holzspießchen auf die Mangowürfel stecken.

Amore, amore!
Peperonata

Zutaten (für 2 Pers.)
Je 1 große rote und gelbe Paprikaschote
1/16 l Olivenöl und
etwas Öl zusätzlich
Salz, Oregano, weißer Pfeffer
1 EL Balsamico-Essig
1 kleine Knoblauchzehe (blättrig geschnitten)

Paprikaschoten halbieren, entkernen, waschen und abtrocknen. In breite Streifen schneiden. Mit 1/16 l Olivenöl und Knoblauch im vorgeheizten Backofen bei 180° C ca. 20 Min. weichgaren. Anschließend mit den Gewürzen, Essig und mit weiterem Olivenöl bedeckt marinieren.
Abgekühlt servieren.

Tip: Wer Angst vor dem Knoblauch hat, kann die Peperonata stattdessen – nicht ganz stilecht – vor dem Servieren mit 1 TL Kapern bestreuen.

Handlich
Pestostangen

Zutaten (für ca. 30 Stück)
4 TK-Blätterteigplatten
Eigelb zum Bepinseln
Pinienkerne zum Bestreuen

Für das Pesto:
ca. 100 g Basilikumblätter
50 g Pinienkerne
30 g Parmesan
30 g Peccorino oder Schafkäse
3 Knoblauchzehen, Salz
1/8 l Olivenöl

Für das Pesto Basilikum waschen und trockentupfen. Blätter grob hacken. Pinienkerne und Käse im Blitzhacker oder im Mixer hacken. Knoblauchzehen, Basilikum, Salz und Öl im Mixer oder im Blitzhacker pürieren. Pinienkerne und Käse zugeben und 3 Sek. durchmixen. Die Blätterteigplatten inzwischen antauen lassen. 2 Platten mit je 2 EL Pesto bestreichen. 2 Platten darauflegen. Mit Eigelb bepinseln, in 2 cm breite Streifen schneiden, mit Pinienkernen bestreuen. Bei 220° C 10 Min. backen.

In Haiti steht Basilikum unter dem Schutz der Liebesgöttin Erzulie; es heißt, daß es Glück bringt und die Sinnlichkeit steigert. Auch den Hindus ist die Pflanze heilig: Wird einem Toten vor dem Begräbnis ein Basilikumblatt auf die Brust gelegt, bedeutet dies, daß ihm der »Weg ins Paradies« offensteht. In Teilen New Mexicos streuen Frauen Basilikum über den Oberkörper ihrer untreuen Männer, in der Hoffnung, sie so auf den rechten ehelichen Pfad zurückzubringen. – Übrigens: Frisches Basilikum fördert den Hirnstoffwechsel, es regt also auch den Geist an und damit Phantasie und Kommunikation!

Mit Knoblauch und Basilikum
Crostini mit Tomatenpaste

Zutaten (für ca. 10 Stück)
100 g in Öl eingelegte getrocknete Tomaten
Pfeffer
1 kleine Knoblauchzehe
10 Baguettescheiben (geröstet)
gelbe Cocktailtomaten und
frische Basilikumblätter zum Garnieren

Die eingelegten Tomaten abtropfen lassen und im Blitzhacker oder Mixer fein zerkleinern. Pfeffern, Knoblauchzehe dazupressen. Dick auf die gerösteten Baguettescheiben streichen. Mit Cocktailtomatenhälften und dazugesteckten Basilikumblättchen garnieren.

Kleine Pikanterie vorweg
Rindfleisch in Rotweinsauce

Zutaten (für 2 Pers.)
200 g Rindfleisch
3 EL Olivenöl
Mehl zum Stauben
kräftigen spanischen Rotwein
zum Aufgießen
Salz, Pfeffer, Thymian
Knoblauch (gehackt)
2 kleine Tomaten (enthäutet)
500 g Champignons
frische Thymianzweige zum Garnieren

Rindfleisch in kleine Stücke schneiden und in Olivenöl stark anbraten. Mit Mehl stauben und mit dem Rotwein aufgießen. Fleisch dünsten und die Gewürze beifügen. Wenn das Fleisch weich ist, die Tomaten und Champignons dazugeben, ca. 20 Min. weiterdünsten. Mit jeweils einem frischen Thymianzweiglein garniert servieren.

Paradiesisch

GEMÜSE

Artischocke
Das edle Distelgemüse mit dem nußartigen Geschmack kam ursprünglich aus Arabien und verdankt seine Heilkraft dem Bitterstoff Cynarin. Gekocht oder gedünstet und mit diversen Saucen zum Dippen, ist die erregende Königin des Gemüses als Stimulator ein unverzichtbarer Bestandteil des Liebesmahls. Von der schuppigen Frucht genießt man nur den würzigen, fleischigen Artischockenboden.

Avocado
Die tropische Gemüsefrucht mit der intensiv grünen, ledrigen Schale und dem fett- und vitaminreichen Fruchtfleisch, das ein mildes, zartcremiges Nußaroma besitzt, ist ein wertvolles Nahrungsmittel. In der indianischen Medizin findet es auch als Heilmittel vielseitige Verwendung. Kern und Fruchtfleisch gelten als anregende, kraftspendende Aphrodisiaka.

Broccoli
Das dekorative, frischgrüne Gemüse wurde als pompeijanischer Kohl schon von den Römern geschätzt. Es ist ein naher Verwandter des Karfiols, aber feiner und zarter im Geschmack, dazu äußerst gut verdaulich und kalorienarm. Gesund und leicht sowie mit hohem Gehalt an Eiweiß und Eisen, spendet der »Spargelkohl« Energie und Vitalität und ist deshalb ein Gemüse-Spitzenreiter der Liebesküche, wo er auch zur optischen Attraktivität der Speisen beiträgt.

Fenchel
Die kalorienarme Knolle mit dem hohen Vitamin-C- und Carotingehalt und der durchblutungsfördernden Wirkung stammt ursprünglich aus dem Mittelmeerraum, wo sie im Ruf eines aphrodisischen Krauts stand. Die Griechen trugen die hocharomatische Gemüsepflanze in Kränzen bei den Dionysos-Kulten und benützten sie als Liebeszauber. Es hieß, sie verleihe Mut, Kraft und ein langes Leben.

Gelbe Rüben
Ihr Name im alten Griechenland sagt alles: philtrum (Liebesmittel). Gelbe Rüben, so hieß es, steigern das sexuelle Interesse beachtlich. Und in einem Kräuterbuch aus dem Jahre 1563 wird vermerkt, daß die gelben Rüben Lust zu »ehelichen Werken« bringen.

Kartoffel
Der mineralstoffreiche Erdapfel gehört zur aphrodisischen Familie der Nachtschattengewächse. Kleine Trüffel nannte in Wien der Gelehrte Clusius die botanische Novität aus der Neuen Welt, die er 1588 zur Begutachtung zugesandt bekommen hatte: unbekannte Wurzelknollen »mit Kastanienfleisch«, die damals noch den Aufstieg zum Volksnahrungsmittel vor sich hatten. Ende des 18. Jahrhunderts wurde die Kartoffel à la mode. So dekorierten Marie Antoinette und ihre Hofdamen 1788 auf einem Ball ihre Dekolletés mitKartoffelblüten.

Kürbis
Seit Jahrtausenden knabbern die Menschen Kürbiskerne, nicht nur wegen des stärkenden Protein- und Fettgehalts, sondern auch wegen ihrer (prostata)heilenden, kräftigenden und aphrodisischen Wirkung. Eine der ältesten Kulturpflanzen der Welt und die größte Beerenfrucht, ist der Kürbis in den indianischen Kulturen ein Symbol der Fruchtbarkeit und der weiblichen Sexualität. Im indischen Ayurveda und Tantra kommt ihm rituelle und aphrodisische Bedeutung zu; und nach dem Taoismus beschert er ein langes Leben und körperliche Unsterblichkeit. Sehr zu empfehlen ist auch Kürbiskernöl!

Lattich
Der Liebling Aphrodites, dessen breites Blattwerk einst dem schönen Adonis zur Wiege diente, war im Altertum ein beliebtes Liebesmittel. Auch bei den nordamerikanischen Indianern galt der wilde Lattich mit seinem hohem Stiel, aus dem ein milchiger, leicht berauschender Saft quillt, als sexuelles Stimulans. In unserer Küche ist vor allem die Gartenpflanze mit dem angenehm erfrischenden Geschmack bekannt. Die wichtigsten Sorten sind Kopfsalat und Römischer Salat.

Gemüse

Lauch (Porree)

Die uralte, aromatische Kulturpflanze enthält eine Menge wichtiger Mineralstoffe (Eisen, Magnesium, Kalium und Phosphor) und ist reich an Vitamin B_1 und Vitamin C. Das Zwiebelgewächs galt schon in der Antike als stimulierendes Mittel und zählte in Ägypten, Palästina und Hellas zu den bevorzugten Gemüsepflanzen. Im 16. Jahrhundert hieß es: »Lauch mit Zucker gegessen macht unkeusch und stärkt den Wünschelstab.«

Melanzani (Aubergine)

Als Nachtschattengewächs zählt die Aubergine zu den aphrodisischen Gemüsepflanzen. Auch betrachtete man im Mittelalter blähende Nahrungsmittel als optimale Stärkungsmittel für die Liebesdienste. Man hielt die Auberginen, wie übrigens auch die Bohnen, deshalb für sehr geeignet, Lüsternheit hervorzurufen.

Paprika

Das Nachtschattengewächs aus Amerika, dem große lustfördernde Wirkung nachgesagt wird, ist silikonhältig und von allen Gemüsepflanzen die größte Vitamin-C-Bombe, wobei die roten Schoten doppelt soviel Vitamin C enthalten wie die grünen: Das belebt, fördert den Elan, regt die Durchblutung an und hebt das Lebens- und Liebesgefühl.

Rettich

Die bissige, phallusförmige Wurzel galt vor allem im Mittelalter als bewährtes Liebesmittel. Man versprach sich davon kräftige erektionsfördernde und stärkende Wirkungen. Auch wegen der erhitzenden Schärfe, die ihn bis zum Import der exotischen Gewürze zum wichtigen Speisegewürz machte, wurden dem Rettich sexuell anregende Eigenschaften nachgesagt. Meerrettich galt – wie Lattich – auch schon im alten Griechenland als Aphrodisiakum. Die zierlichste Form des Rettichs und stets ein hübscher Farbtupfer ist das Radieschen, ein gesundes, anregendes Salatgemüse.

Sellerie

Die Gartenpflanze mit dem milden Geschmack, die es als Knollen- und als Stangensellerie gibt, gilt als besonders gesundes Nahrungsmittel. Im Altertum diente sie außerdem als Glücksbringer. Vor allem aber zählt die Sellerie in Europa zu einem der bekanntesten Aphrodisiaka, das mit seinem überreichen Mineralstoffgehalt (Eisen, Magnesium, Calcium, Phosphor, Schwefel) die Liebesglut schüren und die entscheidenden Organe stärken soll.

Spargel

Der aphrodisische Ruf des Spargels ist legendär, wenn auch nicht bewiesen. Wer viel Spargel ißt, hat auch viele Liebhaber, weiß der Volksmund von den edlen, phallusartigen Sprossen, die der vermutlich aus Asien stammende Wurzelstock im Frühjahr austreibt. Fraglicher Liebesstoff im Spargel ist Asparagin, das wassertreibende Wirkung hat, den Blasendruck steigert und so die Nervenbahnen im Genitalbereich reizt. Hinzu kommen Vitamin E und C, die für die Bildung von Sexualhormonen wichtig sind.

Zwiebel

Das wegen seines starken Geruchs bei uns lange übelbeleumdete Gemüse galt im alten Ägypten als ein erotisches Symbol mit aphrodisischer Wirkung. Auch bei den Griechen und Römern war die Zwiebel als ein starkes Liebesmittel bekannt. Noch im ausgehenden Mittelalter hieß es: »Zwiebeln gegessen entzünden das unkeusche Gelüst«.

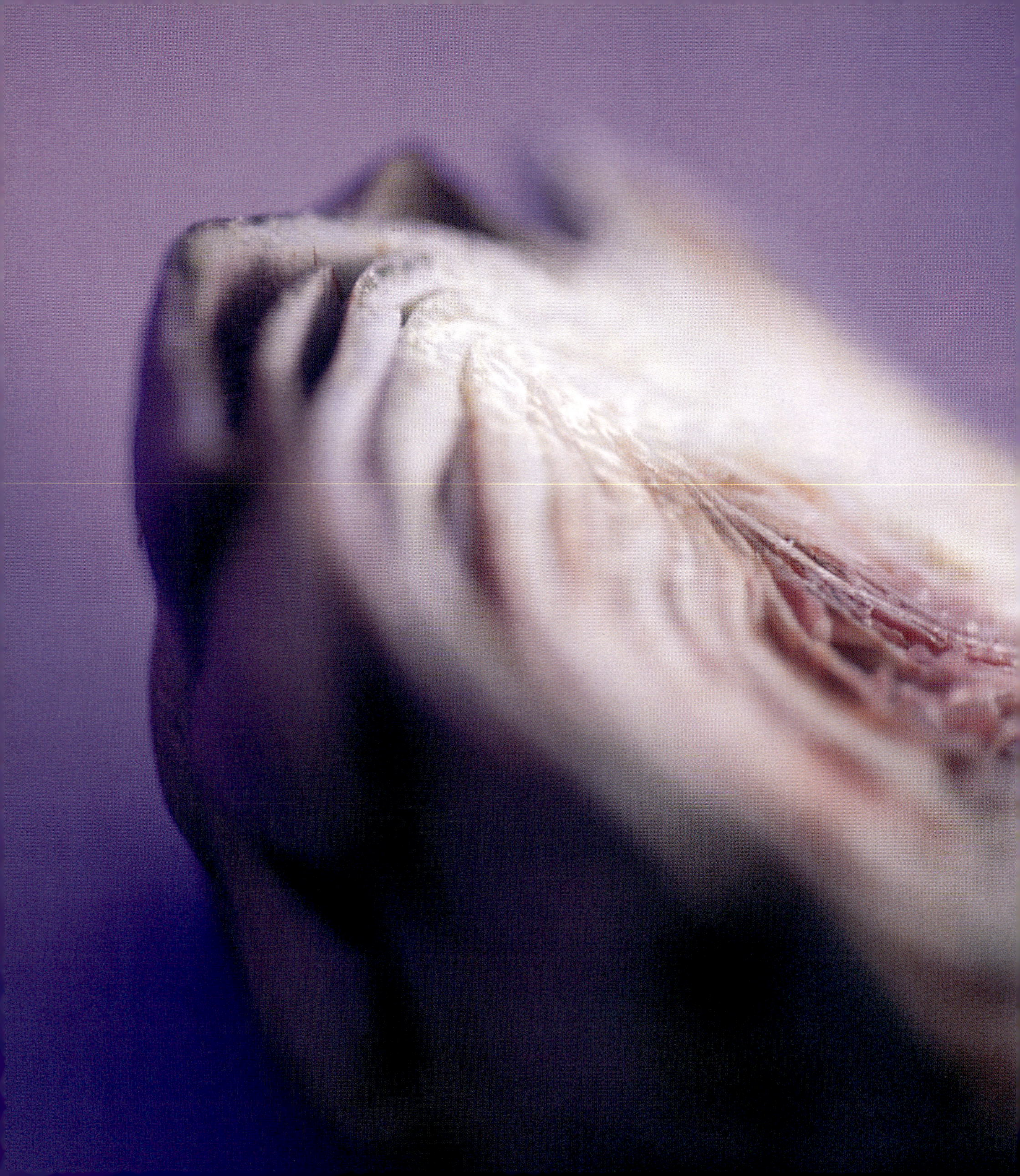

Sinnlicher Auftakt

VORSPEISEN

Das fängt ja gut an: Himmlische Vorspeisen sorgen für einen gelungenen Start. Ob warm oder kalt, stillen sie den ersten Hunger und stimmen auf den Hauptgang ein. Manche von ihnen können sogar in geeigneter Menge als würdiger Ersatz für das Hauptgericht dienen. Die folgenden »Starters« eröffnen den Reigen der Sinnlichkeit und machen Gusto auf alles weitere.

Erotische Delikatesse

Artischocken mit Trüffel-Vinaigrette

Zutaten (für 2 Pers.)
2 große oder 4 kleine Artischocken
Salz
1/2 Zitrone

Für die Vinaigrette:
1 gekochtes Ei
1 rohes Eigelb
Salz, 1/4 TL scharfer Senf
1/2 EL Weinessig
1 EL Rotwein
etwas Pfeffer, 3 EL Trüffelöl
je 1/2 Bund Petersilie und Estragon (feingehackt)

Artischocken kurz in Salzwasser legen. Stiel unter dem Blütenansatz abschneiden. Ev. die Blattspitzen stutzen. Alle Schnittstellen sofort mit Zitronensaft beträufeln, damit sie sich nicht schwarz verfärben. Artischocken 40–45 Min. in reichlich Wasser mit Salz und Zitronensaft oder Essig kochen. Ei schälen, halbieren, Eigelb herauslösen, zerdrücken und mit den restlichen Zutaten verrühren. Eiweiß fein hacken und unterheben. Zu den abgetropften Artischocken servieren. Blatt für Blatt abzupfen und ihr dickes Ende in die Sauce dippen, das Fruchtfleisch mit den Zähnen abstreifen. Dann den flaumigen Teil – das »Heu« – entfernen. Zuletzt den Boden samt Sauce mit Messer und Gabel essen.

Tip: Die eßbaren Teile der Artischocke sind der Blütenboden und das fleischige Ende der Hüllblätter, sie schmecken, in Saucen gedippt, köstlich.

Artischocken einmal anders: Genießen Sie zur Verdauung den Magenbitter »Cynar«, er wird aus dem Bitterstoff dieses edlen Gemüses hergestellt!

Zweisame Spitze

Gemüse-Tempura auf Porreesalat

Zutaten (für 2 Pers.)
Für die Gemüsespieße:
Einige Scheiben von Zucchini, Fenchel, Stangensellerie und Salatgurke
2 halbierte Jungzwiebeln
2 kleine Champignons
einige frische Basilikumblätter
Salz
2 Holzspieße

Für den Backteig:
je 25 g Maizena und Mehl
1 TL Sesamöl
3 EL Weißwein, Salz, Pfeffer aus der Mühle
Öl zum Backen, etwas Eiswasser

Für den Porreesalat:
100 g Porree (Lauch)
2 Radieschen in dünnen Scheiben
1/2 Pkt. Kresse
etwas Zitronensaft, Spritzer Balsamico-Essig
2 EL Sauerrahm, 1 TL Sesamöl

Gemüse abwechselnd auf die Spieße stecken und etwas salzen. Für den Backteig die Zutaten zu einem glatten, dünnflüssigen Teig verrühren und würzen. Öl auf ca. 160° C erhitzen. Gemüsespieße durch den Backteig ziehen und einige Minuten im Öl fritieren. Auf Küchenpapier abtropfen lassen und salzen.
Für den Salat Porree, Radieschen und Kresse miteinander vermengen und wenig salzen. Aus Zitronensaft, Essig, Sesamöl und Sauerrahm eine Marinade bereiten, würzen und zum Salat geben. Den Salat auf zwei Tellern anrichten, die Spieße daraufsetzen. Mit Kresseblättchen garnieren.

Tip: Statt Gemüse kann man auch Cocktailgarnelen aufspießen und fritieren.

Ingwer spricht man im Orient besondere erogene Kräfte zu. Er zählt zu den »heißen« Gewürzen, die den Kreislauf anheizen, müde oder betagte Lenden munter machen und die Leidenschaft schüren. Wohl aus diesen Gründen wurde angelegentlich des Ingwer einst im Erzstift Köln der gütliche Rat erteilt: »Doch sehen wir für nützlicher und besser an, daß sich unsere Untertanen mit den Gewürzen ihrer Gärten begnügen.«

Fische bringen Glück

Geräucherter Heilbutt mit Rettich

Zutaten (für 2 Pers.)
1 kleiner Rettich
Salz
1 Stück Meerrettich (ca. 1 cm)
Schnittlauch
150 g geräucherter Heilbutt in Scheiben
1 EL ungeschälte Sesamsaat

Den Rettich schälen, abspülen und auf dem Gemüsehobel in feine Scheiben schneiden, danach salzen. Den Meerrettich schälen und auf der groben Seite der Gemüsereibe in Späne raspeln. Den Schnittlauch abspülen, trockentupfen und die Halme einmal durchschneiden. Heilbutt und Rettich auf Tellern anrichten und mit den Meerrettichspänen und dem Schnittlauch bestreuen. Den Sesam in einer Pfanne ohne Fett unter Rühren rösten, bis er duftet, dann über den Fisch streuen. Mit Toast und Butter servieren.

Tip: Statt Heilbutt kann man auch Räucherlachs nehmen.

Wie auch von anderen scharfen Zutaten, heißt es vom Meerrettich (Kren), er heize die Liebe an. Die hitzige, phallusförmige Wurzel wird als potenter Kraftstoff u.a. bei sexueller Erschöpfung verwendet.

Guter Fang

Fisch japanisch

Zutaten (für 2 Pers.)
150 g Edelfischfilet
(am besten vom Lachs oder Zander)
frischer Ingwer
Rettichscheiben
1 unbehandelte Limette oder Zitrone
frischer Meerrettich
Sojasauce

Der Fisch wird 1 Stunde im Tiefkühlfach (oder in der Tiefkühltruhe) angefroren. In der Zwischenzeit den Ingwer schälen und fein reiben. Den Rettich schälen und in hauchdünne Scheiben schneiden. Den Meerrettich schälen, grob raffeln und mit Limettensaft beträufeln, etwas Limettenschale abreiben. Den harten Fisch in hauchdünne Scheiben schneiden, auf einer vorgekühlten Platte anrichten, mit Rettich- und Limettenscheiben garnieren. Den Fisch mit etwas Limettensaft beträufeln und anrichten. Dazu wird Sojasauce, gewürzt mit Meerrettich, Limettenschale und Ingwer, gereicht.

Napoleons Lieblingsgericht
Huîtres à la florentine

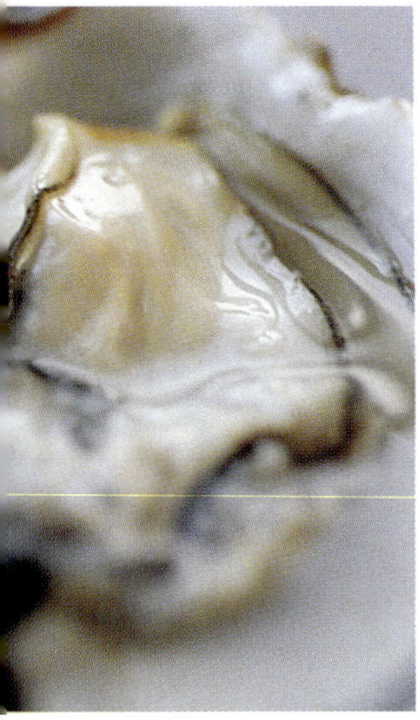

Zutaten (für 2 Pers.)
12 Austern
2 Handvoll frischer Spinat
Salz, Muskatnuß
40 g Butter
geriebener Parmesan oder Greyerzer Käse
etwas frische Semmelbrösel
zerlassene Butter

Die Austern öffnen und das Fleisch von den Schalen lösen. In klarem Wasser aufbewahren, die unteren Schalen sorgfältig reinigen. Den Spinat putzen, Stiele und Rippen entfernen. In kochendes Salzwasser geben, zusammenfallen lassen, vom Feuer nehmen und 10 Min. ziehen lassen, dann abschrecken, abtropfen und fest ausdrücken. In einer Pfanne die Hälfte der Butter erhitzen, bis sie zu schäumen beginnt, dann den Spinat zufügen, salzen und mit frisch geriebener Muskatnuß würzen. Bei starker Hitze unter Rühren garen. Neben dem Feuer die restliche Butter hineinarbeiten. Die gereinigten Austernschalen erhitzen und mit dem Spinat füllen. In jede Schale eine gut abgetropfte, vom dunklen Rand befreite Auster setzen. Spinat und Austern mit einer Mischung aus geriebenem Käse und Bröseln bestreuen, mit einigen Tropfen zerlassener Butter beträufeln und in den sehr heißen Ofen schieben: bei Oberhitze oder unter dem Grill 5–6 Min. gratinieren, bis sich die Oberfläche goldbraun färbt.

Tip: Servieren Sie jeweils 6 Austern auf einem mit einer eleganten Stoffserviette ausgelegten Teller.

Im Zeichen der Venus
Knackige Spargelspitzen mit Lachsröschen und Venusmuscheln auf Safranschaum

Zutaten (pro Person)
4 Stk. weiße Spargelspitzen (frisch)
50 g gebeizter Lachs
2–3 unausgelöste Venusmuscheln
wenig Butterschmalz
Mehl zum Bestauben
Salz, weißer Pfeffer
Dillspitzen

Für den Safranschaum:
30 g Fischfond
4 Safranfäden
20 g geschlagene Sahne
30 g Butter

Den geschälten Spargel 1 Min. kochen, 1 Min. ziehen lassen. Venusmuscheln mit spitzem Messer öffnen, Muscheln herauslösen, Rogen abschneiden und zuputzen, kalt wässern. Muschelfleisch abtrocknen, ev. der Quere nach halbieren, mit Salz und Pfeffer würzen, in Mehl wenden und im schwach erhitzten Schmalz langsam braten, wenden, (nicht ganz durch) fertig braten. Rogen anschließend bei lauer Temperatur braten. Alles wieder zurück in die Muschelschalen legen.
Für den Safranschaum Safranfäden mit dem Fischfond und der Butter aufschlagen und mit dem geschlagenen Obers vermengen. Auf dem Teller mit den Spargelspitzen, dem zu Röschen gedrehten Lachs und den Venusmuscheln anrichten. Mit Dillspitzen garnieren.

Nicht mies, sondern äußerst erotisch

Miesmuscheln in Portwein

Zutaten (für 2 Pers.)
1/2 Zwiebel
etwas Suppengrün
(Lauch, Möhre, Sellerie, Petersilie)
1 Knoblauchzehe
1 Tomate
2 EL Olivenöl
3/4 kg Miesmuscheln
Salz, Pfeffer, 1 kleine getrocknete Chilischote
1/8 l trockener weißer Portwein

Zwiebel schälen, Suppengrün putzen, waschen und den Knoblauch schälen. Alles fein hacken. Die Tomate kreuzweise einritzen, überbrühen und schälen, das Fruchtfleisch hacken. Das Olivenöl in einem Topf erhitzen, Zwiebel und Suppengrün darin anschwitzen, aber nicht braun rösten. Nach etwa 5 Min. den Knoblauch hinzufügen, nach weiteren 2 Min. die Tomatenstücke. Unterdessen Muscheln waschen, bürsten und die Fäden abziehen. Nur die fest geschlossenen Muscheln verwenden. Wenn die Tomaten ihre Flüssigkeit ausgeschwitzt haben, salzen, pfeffern, die Chilischote beifügen und den Portwein angießen. Beim ersten Aufkochen die Muscheln hinzufügen. Deckel auflegen und die Muscheln sich öffnen lassen – das dauert 2–3 Min., dann sind die Muscheln gar und schön zart.

Fein und festlich

Krabben-Cocktail

Zutaten (für 2–3 Pers.)
250 TK-Garnelen (vorgekocht)
Salz
1 Eigelb
1 TL Senf
etwas Olivenöl
2 EL griechischer Joghurt oder Sauerrahm
1 TL Tomatenketchup
1 EL Cognac oder Weinbrand
1 TL Zitronensaft
Pfeffer, Cayennepfeffer, etwas gemahlener Piment
frische Kräuter zum Garnieren (Petersilie, Estragon, Kerbel, Basilikum u.a.)

Die TK-Garnelen in eine Schüssel geben und mit sprudelnd kochendem Salzwasser übergießen. 1/2 Min. ziehen lassen, dann in ein Sieb abgießen. Die Garnelen mit kaltem Wasser durchspülen, abtropfen lassen und für 1 Stunde in den Kühlschrank stellen. Eigelb und Senf im Mixer oder mit dem Pürierstab aufschlagen, das Öl dazugießen und weiter durchmixen. Die übrigen Zutaten hinzufügen, würzen und abschmecken. Die Garnelen in der Sauce umwenden. Die Kräuter waschen und trockenschütteln, dann hacken. Die Garnelen mit den gehackten Kräutern bestreuen (oder mit Kräuterblättchen dekorieren) und mit würzigem Weißbrot servieren.

Tip: Servieren sie diesen Cocktail auf hübschen Tellern, in passenden Schälchen oder in Sektschalen. Sie können ihn aber auch in Avocado-Hälften anrichten, die auf einem Salatbett standhaft gemacht werden und zuvor mit Zitronensaft benetzt wurden.

In einigen Ländern der Erde haben Krabben (Shrimps) den Ruf, erektionsstimulierend zu wirken. Zu empfehlen sind Krabben allemal, denn wie alle Meerestiere sind sie reich an Vitaminen und Mineralstoffen.

»Die Trüffel ist kein absolutes Liebesmittel, aber sie kann bei gewissen Gelegenheiten die Frauen nachgiebiger und die Männer liebenswürdiger machen.«
(Jean Anthelme Brillat-Savarin)

Ei mal zwei
Beluga-Eier

Zutaten (für 6 Stück)
3 hartgekochte Eier
2 Ecken Frischkäse
2 EL Schlagsahne
Salz, Cayennepfeffer
1 Glas Beluga-Kaviar (56,8 g)

Die harten Eier schälen und längs durchschneiden. Den Frischkäse mit der Sahne schaumig rühren, mit Salz und Cayennepfeffer würzen. Diese Masse in einen Spritzbeutel mit dünner Sterntülle füllen und damit die Eierhälften ringförmig bespritzen. In die Mitte etwas Beluga-Kaviar füllen.

Tip: Wem diese Variante zu kostspielig ist, kann auch roten Kaviar oder Kaviarersatz nehmen.

»Kaviar. Auf große weite Welt machen.«
(James Joyce, Ulysses)

Nudeln einmal anders
Pasta mit Trüffelrahm

Zutaten (für 3 Pers.)
2 Schalotten (50 g)
10 g Butter
1 Glas Gemüsefond (200 ml)
1 Becher Crème fraîche (150 g)
Salz, Pfeffer
375 g Pasta
1/2 Bund frischer Kerbel
1 EL Trüffelöl
20 g Parmesankäse
1 kleine schwarze Trüffel (nach Wunsch)

Die Schalotten schälen, fein würfeln. Butter in einem kleinen Topf erhitzen. Schalotten darin glasig dünsten. Gemüsefond und Crème fraîche zugeben, salzen und pfeffern. Sauce ca. 10 Min. ohne Deckel auf die Hälfte einkochen lassen.
Inzwischen Nudeln in kochendem Salzwasser nach Packungsanweisung garen. Kerbel waschen, trocknen, abzupfen und fein hacken. Kerbel und Trüffelöl zur Sauce geben, abschmecken. Die Sauce über die Pasta geben. Mit frischgehobeltem Parmesan und und Trüffelspänen (nach Wunsch) anrichten.

Tip: In großen Kaufhäusern und in Fachgeschäften gibt es heute Pasta in allen erdenklichen Formen. Vielleicht finden Sie eine für diese Gelegenheit passende Form als Abwechslung zu den üblichen Nudeln.

Farbenrausch für die Sinne

Kakaonudeln mit Gorgonzolasauce

Zutaten (für 4 Pers.)

Für den Nudelteig:

200 g Mehl
1 1/2 EL Kakao
2 Eier
2 EL Öl
Mehl für die Arbeitsfläche
Salz
1 EL Öl zum Kochen

Für die Sauce:

1 Becher Schlagsahne (200 g)
1 EL Instant-Weiße Sauce
1 Knoblauchzehe
200 g Gorgonzola
Salz
frisch gemahlener Pfeffer
Muskat
1 Bund Schnittlauch

»Es liegt tief in der Natur des Menschen, daß er alles essen will, was er liebt, und jede neue Erscheinung unmittelbar zum Munde führt, um sie da womöglich zu zergliedern. Die gesunde Wißbegierde wünscht ihren Gegenstand ganz zu fassen, bis in sein Innerstes zu dringen und zu zerbeißen. Das Betasten dagegen bleibt bei der äußerlichen Oberfläche allein stehen, und alles Begreifen gewährt eine unvollkommene Erkenntnis.«
(Friedrich Schlegel, Lucinde)

Für den Nudelteig Mehl, Kakao, Eier und Öl zuerst mit den Knethaken des Handmixers, dann mind. 10 Min. mit den Händen zu einem elastischen Teig verkneten. In Klarsichtfolie verpackt bei Zimmertemperatur mind. 1 Stunde ruhenlassen. Danach den Teig auf einer leicht bemehlten Arbeitsfläche ca. 2 mm dick ausrollen. In lange, ca. 1 cm breite Streifen schneiden und in reichlich kochendem Salzwasser mit Öl 5 Min. kochen. Inzwischen für die Sauce Sahne, Instantsauce und zerdrückte Knoblauchzehe aufkochen. Zerbröckelten Käse unterrühren. Mit Salz, Pfeffer und Muskat abschmecken. Mit Schnittlauchröllchen bestreuen und zu den abgetropften Nudeln servieren.

Tip: Die Kakaonudeln, eine Spezialität aus dem Trentino, Norditalien, gibt es auch fertig in italienischen Fachgeschäften zu kaufen.

In einigen Ländern ist es Brauch, bei der Hochzeit Reiskörner als Symbole der weiblichen Fruchtbarkeit auf die Braut zu werfen, um ihr damit Glück und Kinderreichtum zu bescheren.

Himmlische Wirkung
Risotto mit Kürbis

Zutaten (für 2 Pers.)
1/2 Knoblauchzehe
10 g Olivenöl
1 feingehackte Schalotte
100 g Rundkornreis
3 cl trockener Weißwein
1 frischer Thymianzweig
1/4 l Geflügelfond
60 g Kürbisfleisch
30 g kalte Butter
1 TL frischgeriebener Parmesan
1 EL Kürbiskerne
Salz, frisch gemahlener Pfeffer

Einen Topf mit der Knoblauchzehe ausreiben und das Öl darin erhitzen. Die Schalotte zufügen und glasig dünsten. Den Reis darunterrühren und mit dem Wein löschen. Den Thymianzweig einlegen und mit etwas Geflügelsuppe einkochen. Diesen Vorgang 3–4mal wiederholen. Dann den restlichen Fond und den kleinwürfelig geschnittenen Kürbis zugeben, angießen und fertig garen. Nach ca. 18 Min. ist der Reis gar. Die kalte Butter unterrühren und mit Parmesan, Salz und Pfeffer abschmecken. Kürbiskerne grob hacken, in Butter anrösten und unter den fertigen Risotto geben. Mit einigen ganzen Kernen garnieren.

Tip: Um die erotische Wirkung des Kürbisses zu vollenden, servieren Sie zum Risotto sehr gutes Kürbiskernöl separat dazu.

Durch die Blume
Gefüllte Kürbisblüten

Zutaten (für 2 Pers.)
6 Kürbisblüten
Schmalz zum Herausbacken

Für den Backteig:
100 g Mehl
1 Ei
ca. 1/16 l Bier (Wein oder Milch), Salz

Für die Fülle:
15 g Butter
1 gehackte Zwiebel
35 g Semmelbrösel
1 Dotter
Zitronensaft, gehackte Petersilie, Salz, Pfeffer

Für den Backteig Eigelb, Mehl, Salz und Bier (Wein oder Milch) zu einem festen Teig rühren, Eiweiß zu Schnee schlagen und unterheben. Teig rasten lassen. Blüten waschen, ein wenig abtupfen.

Für die Fülle Zwiebel in Butter glasig anbraten, in eine Schüssel geben und mit den restlichen Zutaten vermischen. Etwas Fülle auf jede Blüte legen und einrollen oder zusammenschlagen. Die gefüllte Blüte durch den Backteig ziehen und in heißem Schmalz herausbacken.

Tip: Wer's einfacher mag, begnügt sich damit, die Blüten ohne Fülle in den Bierteig zu tauchen und herauszubacken.

Unterstreichen Sie die Wirkung von »Blütengerichten« mit einer sommerlichen Tischdekoration aus blühenden Kräutern (z.B. Rosmarin-, Thymian, Oregano- und Beifußblüten) und einigen Zucchini- oder Kürbisblüten. Das sieht nicht nur ungewöhnlich aus, sondern betört auch mit erregenden Düften.

Extravagant
Champagnertrüffeln

Zutaten (für 2–3 Pers.)
ca. 6 Trüffeln
4 Schnitten Kalbfleisch
3 Schnitten Rohschinken
3 Champignons
(oder Shiitake bzw. Pilze nach Belieben)
1 Sträußchen aromatischer Kräuter
1 EL Butter
Salz
Pfeffer
5 dünne Streifen Speck
1–1 1/2 Glas trockener Champagner

Die Trüffeln gut abbürsten. Den Boden einer Kasserolle mit den Kalbfleisch- und Schinkenschnitten auslegen und darauf die Trüffeln, die anderen Pilze, die Kräuter, die Butter sowie Salz und Pfeffer geben. Mit den Speckstreifen zudecken und mit Champagner übergießen. Auf kleiner Flamme kochen lassen. Den Saft abgießen und zweimal durchseihen. Mit dem geklärten Saft servieren.

Es heißt, daß die wilden Reiter des Dschingis-Khan sowie jene des Ungarn Árpád unter ihren Sätteln ein Stück Rindfleisch hatten, um sich nach langen Steppenritten zu stärken. Das »Beef tatar« soll an die Sitten dieser kraftstrotzenden Kerle erinnern.

Klassische Stärkung
Beef tatar

Zutaten (für 2 Pers.)
300 g mageres Rindfleisch
(Rindsfilet), doppelt faschiert
1–2 Eigelb
40 g Zwiebeln oder Schalotten
1 TL scharfer Senf
1–2 EL Öl
Salz, Selleriesalz
5 Tropfen Tabasco
1–2 Spritzer Worcestershiresauce
1 EL Ketchup
1 kleine Gewürzgurke
1 TL Kapern
1 Gläschen Cognac

Sehr fein gehackte Zwiebeln oder Schalotten mit dem Senf verrühren. Nach und nach Öl, Salz, Selleriesalz, Tabasco, Worcestershiresauce, Ketchup, Gewürzgurke, Kapern und Cognac zufügen. Mit dieser Mischung das Fleisch mit einer Gabel rasch vermengen. Daraus 2 Halbkugeln formen, oben eine Mulde bilden und je 1 Eigelb hineinlegen. Erst bei Tisch mit dem Fleisch vermengen

Tip: Als Varianten können dem Tatar fein zerdrückte Sardellenfilets beigegeben werden. Auch gemahlener Kümmel und Cayennepfeffer, grob gemahlener weißer oder schwarzer Pfeffer bringen Abwechslung; weitere Varianten: ein Spritzer Zitronensaft oder gehackte Petersilie und andere frühlingsfrische Kräuter bzw. eine Spur frischer Knoblauch. Dazu paßt frisch gerösteter, goldgelber Toast mit Butter.

Erregende Eier-Speise
Omelette mit Kerbel

Zutaten (für 4 Pers.)
6 Eier
1 Lauchstange
100 g Blattspinat (frisch oder tiefgekühlt)
3 EL gehackte Petersilie
3 EL Kerbel
1 EL gehackte Nüsse
1 EL Mehl
1/2 Glas Milch
Butter
Salz und Pfeffer

Die Eier aufschlagen und in eine Schüssel geben; zusammen mit Milch, Mehl, Salz und Pfeffer verrühren. Dann Lauch, Spinat, Kräuter und Nüsse hinzufügen. Eine feuerfeste Form einbuttern und mit der Eimasse füllen. Im Backofen bei 180° C garen, bis die Eimasse stockt.

Mit Oliven und Thymian
Gefüllte Tomaten und Zucchini

Zutaten (für 4 Pers.)
4 Tomaten
5 Zucchini
125 g Ricotta (oder Frischkäse)
4–5 gehackte Pistazien
8–10 entsteinte und kleingehackte grüne Oliven
125 g in kleine Würfel geschnittener Hartkäse (Gouda oder Emmentaler)
1 EL Thymian (frisch oder getrocknet)
2 TL Semmelbrösel
Olivenöl
Salz, Pfeffer

Tomaten und Zucchini halbieren, die Kerne entfernen und die Gemüsehälften in eine feuerfeste Form legen. Den Ricotta (oder Frischkäse) mit dem Hartkäse, dem Thymian sowie Salz und Pfeffer verrühren und mit dieser Mischung die Tomaten und Zucchini füllen. Oben auf die Tomaten die kleingehackten Oliven verteilen, auf die Zucchini die Pistazien mit den Semmelbröseln streuen. Alles mit Öl beträufeln und bei 200° C ca. 30 Min. im Backofen garen.

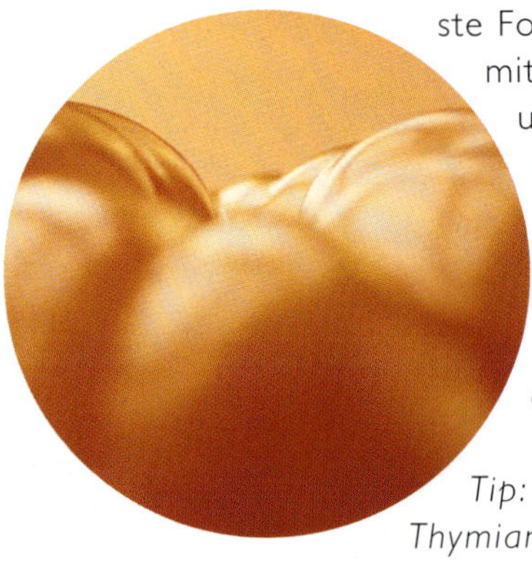

Tip: Dekorieren Sie die Tafel mit duftenden Thymianzweigen!

Liebeswürze

KRÄUTER UND GEWÜRZE

Anis

Das Staudengewächs aus dem Mittelmeerraum wird seit dem Altertum als Gewürz- und Heilpflanze angebaut und war mit seinen würzigen Samen und Früchten in Ägypten, Griechenland und Rom äußerst beliebt. Anis reizt zum Beischlaf, wußte der Arzt Dioskurides über dessen luststeigernde Wirkung. Auch in Indien galten die aromatischen Samenkörner als Aphrodisiakum.

Basilikum

Ursprünglich aus dem indischen Raum, galt Basilikum schon im Altertum als wichtiges Liebeskraut und wurde in vielen Kulturen als Garant eines erfüllten Liebeslebens geschätzt. Es eignet sich besonders für Speisen der italienischen Küche, Suppen, Saucen, Salate und Geflügelgerichte.

Eisenkraut

In ganz Mitteleuropa verbreitet, galt die Pflanze schon bei den Kelten als heilige Pflanze mit aphrodisischer Wirkung. Die Griechen betrachteten sie als erotisches Zaubermittel. Es hieß, ihr Genuß mache den Penis eisenhart. Im Mittelalter rankten sich viele volkstümliche Liebesbräuche um das Eisenkraut.

Ingwer

Die Wurzelknolle dieser alten asiatischen Kulturpflanze enthält ätherische Öle von süß-scharfem Aroma, das kräftigende, kreislaufanheizende und erregende Wirkung hat. Auch die leuchtenden Ingwerblüten rufen mit ihrem köstlichen Duft erotische Gefühle hervor; aus ihnen läßt sich ein aphrodisischer Tee bereiten. Ingwer regt die Sexualdrüsenfunktion an. Das raffinierte Gewürz paßt in Geflügel- und Wildgerichte, Süßspeisen, Kompotte und Liköre. Es ist auch Bestandteil des Curry.

Kalmus

Die ursprünglich asiatische Pflanze mit den geringelten Wurzelstöcken gilt als äußerst aromatisches Reiz- und Kraftmittel. Von den Römern »Venuspflanze« und von den Griechen »Aphroditischer Reigen« genannt, dient die Kalmuswurzel – oft vermischt mit anderen Stimulanzien wie Galgant, Anis, Muskat und Petersilie – als Jung- und Gesundbrunnen, als Kraftreserve und als Mittel zur Hebung der Geschlechtskraft.

Kardamom

Die Fruchtkapseln und Samen dieser Staudenpflanze aus der Ingwerfamilie gelten seit der Antike als begehrte Würz-, Heil- und Liebesmittel mit belebender Wirkung. Die tropischen Paradieskörner mit dem angenehm-würzigen Geruch und dem feurigen, pfefferartigen Geschmack gelten als anregende und erregende Aphrodisiaka. Kardamom ist neben Ingwer, Kurkuma u.v.a. auch im Curry zu finden.

Kerbel

Die verjüngenden, stärkenden Eigenschaften dieses verbreiteten Küchenkrauts sollen Müde aufrichten und selbst Hochbetagte in Liebesdingen aktivieren. Man verwendet das frische Gewürz für Suppen, Saucen, Salate, Kräuterbutter, Eierspeisen oder für Fleisch und Fisch als Garnitur. Es kann zur Not auch durch Dill oder Basilikum ersetzt werden.

Knoblauch

Die Knolle einer mit der Zwiebel verwandten Lauchart aus Asien, die heute auf der ganzen Welt gedeiht, gilt als ebenso gesund wie potenzfördernd. Sie verleiht dem Körper Vitalität, Ausdauer, Kraft und Liebeslust und dient zudem seit 5000 Jahren als Naturheilmittel, denn jede Zehe steckt voll wertvoller, wirksamer Substanzen.

Koriander

Die alte Kulturpflanze mit den feinen Blättern und dem süßlich-scharfen, kräftigen Geschmack, die weltweit verbreitet ist, gilt seit jeher als sexuell erregendes und erektionsförderndes Mittel. Im alten Griechenland hieß es, daß Wein mit Koriander versetzt die Samenproduktion anregt. In der Küche würzt die »chinesische Petersilie« Fleisch, Fisch, Wildgerichte, Eintöpfe, Pasta und exotische Gerichte und sichert mit ihrem wohlriechenden ätherischen Öl den Genuß von Gaumen und Geschlecht.

Liebstöckel

Um dieses beliebte Liebeskraut, das schon in der Antike als Aphrodisiakum bekannt war, rankten sich viele Bräuche. So trugen Mädchen und Bräute Liebstöckelwurzeln bei sich, um ihren Geliebten an sich zu fesseln, oder sie brauten daraus Liebestränke. Und gab die Ehefrau viel Liebstöckel ins Essen, durfte sich der MAnn auf eine lange Nacht mit Ihr freuen. Das Stöckel der Liebe galt auch als männliches Sexualsymbol.

Lorbeer

Diese stark symbolische Pflanze – man denke nur an die einst lorbeerbekränzten Olympiasieger, Dichterfürsten und Helden aller Art – war dem schönen Gott Apollo heilig; sie galt als Sinnbild der Kraft, des Sieges und als Lebensbaum, der, aufgehängt über der Haustür, Krankheit und Unheil abwendete. Auch in Rom schätzte man ihre reinigende, segenbringende Kraft, weshalb sie in Hochzeitskuchen gebacken wurden. Liebende verbrannten gemeinsam Lorbeerblätter, um ihre Liebe und Treue zu festigen.

Majoran

Wie Thymian, Minze und Rosmarin galt auch Majoran wegen seines süß duftenden Wohlgeruchs und ätherischen Öls als Pflanze der Aphrodite. Die Liebesgöttin soll nämlich auf der Insel Zypern ihren Liebling Amaracos (=Majoran) in diese Pflanze verwandelt haben. Auch nahm man Majoran zur Stärkung der Liebeskraft. In Rom, wo der Geliebte die Tür der Geliebten mit Majoran zu salben pflegte, galt das Kraut ebenfalls als erotische Pflanze.

Minze

Auch die Minze war der Aphrodite geweiht. Man nannte sie »Krone der Aphrodite« und flocht Brautkränze aus ihr. Die aromatische Pflanze, die so wunderbar zur Wollust reizt, wie es einst hieß, enthält stimulierende Substanzen und diente seit jeher als Aphrodisiakum. Pfefferminzöl, das in der Apotheke erhältlich ist, kann für denselben Zweck benutzt werden.

Muskatnuß

Der Kern der tropischen Muskatbaumfrucht besitzt leichte aphrodisische und psychedelische Wirkung und wurde deshalb jahrhundertelang v.a. in Asien als Liebeszauber geschätzt. In Europa zählt das Gewürz seit dem 16. Jahrhundert wegen der anregenden, berauschenden und erotisierenden Wirkung seines ätherischen Öls zu den gesuchten Speise- und Liebesgewürzen. Frisch über Suppen, Gemüse oder Püree gerieben, verfeinert Muskat den Wohlgeschmack jedes erotischen Mahls.

Paprikagewürz

Das rote Pulver aus getrockneten roten Paprikaschoten ist keineswegs eine ungarische Erfindung, sondern stammt ursprünglich aus der Neuen Welt und wurde als spanischer Pfeffer in Europa bekannt. Scharf und heiß, läßt es – wie Chili – die Herzen kräftig schlagen, bringt das Blut in Wallung und steigert den kulinarischen wie den erotischen Appetit. Die Sorten, darunter der Rosenpaprika, unterscheiden sich in Farbe und Schärfe. Aus 10 kg frischem Paprika gewinnt man ca. 1 kg Paprikapulver.

Gewürze

Petersilie
Dieses alte, überaus beliebte Küchengewürz wurde, wie auch Majoran, Thymian oder Anis, zur Würze wie zum erotischen Gebrauch schon in den frühmittelalterlichen Bauerngärten gezogen. Seine lange Pfahlwurzel war Bestandteil der Hexen- oder Flugsalben, die erotische Ekstasen bewirkten. Überaus reich an Vitamin C, vitalisiert und kräftigt das Kraut und hilft auch weniger draufgängerischen Gemütern auf die Sprünge.

Pfeffer
Die schwarzen, grünen, roten oder weißen Körner aus Indien gelten in der asiatischen wie europäischen Volksmedizin als Aphrodisiakum. Das scharfe Gewürz hat, ähnlich der Spanischen Fliege, lokal reizende Eigenschaften.

Rosmarin
Die strauchartige Pflanze mit den nadelförmigen Blättern war wegen ihres hocharomatischen, stimulierenden Dufts der Aphrodite heilig, deren Bilder sie mit ihrem immergrünen Laub bekränzte. Auch noch im Mittelalter war sie Sinnbild der Liebe. So trugen in manchen Gegenden die Mädchen Rosmarinbüschel bei sich, um den Geliebten an sich zu fesseln. Lange symbolisierten Rosmarinkränze am Hochzeitstag Liebe und Treue; erst im 17. Jahrhundert wurden sie allmählich vom Myrtenkranz verdrängt.

Safran
Gewonnen aus den getrockneten gelben Blütenstempeln einer mediterranen Krokuspflanze, war Safran seit der Antike ein begehrtes aphrodisisches Gewürz und eine bedeutende Droge. Sein ätherisches Öl wirkt psychoaktiv und erregend und kann zu langen Orgasmusgefühlen sowie außerordentlichen Phantasien führen. Aber Vorsicht: Safran ist das teuerste Gewürz der Welt, außerdem wirkt die Überdosis toxisch.

Thymian
Dieses Kraut aus dem Mittelmeerraum war wegen seines aromatischen Dufts und der Wirkung seines ätherischen Öls der Aphrodite geweiht. Im Mittelalter galt es als Pflanze der Fruchtbarkeit, weshalb man in manchen Gegenden die Obstbäume am Christtag mit Thymian räucherte, damit sie viel trugen. Als Gewürz verfeinert es Fleisch-, Wild- und Geflügelgerichte, Pilzspeisen und Rotweinsaucen.

Vanille
Das tropische Lianengewächs aus der Orchideenfamilie hat große gelbe Blüten, die sich nur für wenige Stunden öffnen. Die länglichen Früchte werden kurz vor der Reife gepflückt und dann getrocknet. Das Mark der unvergleichlich duftenden Schoten, die luftdicht aufbewahrt werden müssen, wirkt stimmungsaufhellend, stimulierend und potenzfördernd.

Wermut
Diese und andere Arten des Beifuß galten schon im Altertum als hochgerühmte Heilpflanzen für Frauen. Später entfalteten sie als Zauberpflanzen der Liebe besonders am Johannistag, also zur Sonnenwende am 21. Juni, ihre Macht. Wer sich da zur Mittagszeit in der Natur erging, ohne etwas Bestimmtes zu suchen oder an diese Pflanze zu denken, für den gestaltete sie sich zum Glücksmagneten. Überhaupt war Beifuß an diesem Tag die Pflanze der Frauen, die ihn zu diesem Fest der Liebe und der Fruchtbarkeit an ihrem Körper trugen. In Bali verwendet man Beifußblätter, um die Liebeslust zu steigern.

Zimt
Gewonnen aus der Rinde des immergrünen Zimtbaums, besitzt dieses tropische Gewürz ein intensives, süßherbes Aroma und, wie die meisten aromatischen Gewürze, stark erotisierende Wirkung. Als duftende Stangen oder Pulver im Handel, ist Zimt ein altes Aphrodisiakum. Es gilt als sexuell stimulierend und lustfördernd. Das aus den Blättern und Zweigen destillierte Zimtöl wurde durch Aufstreichen auf die Genitalien als erotisches Stimulans eingesetzt. Zimt findet auch in der Parfümherstellung Verwendung. In der Volksmedizin gilt es außerdem als Erkältungsmittel.

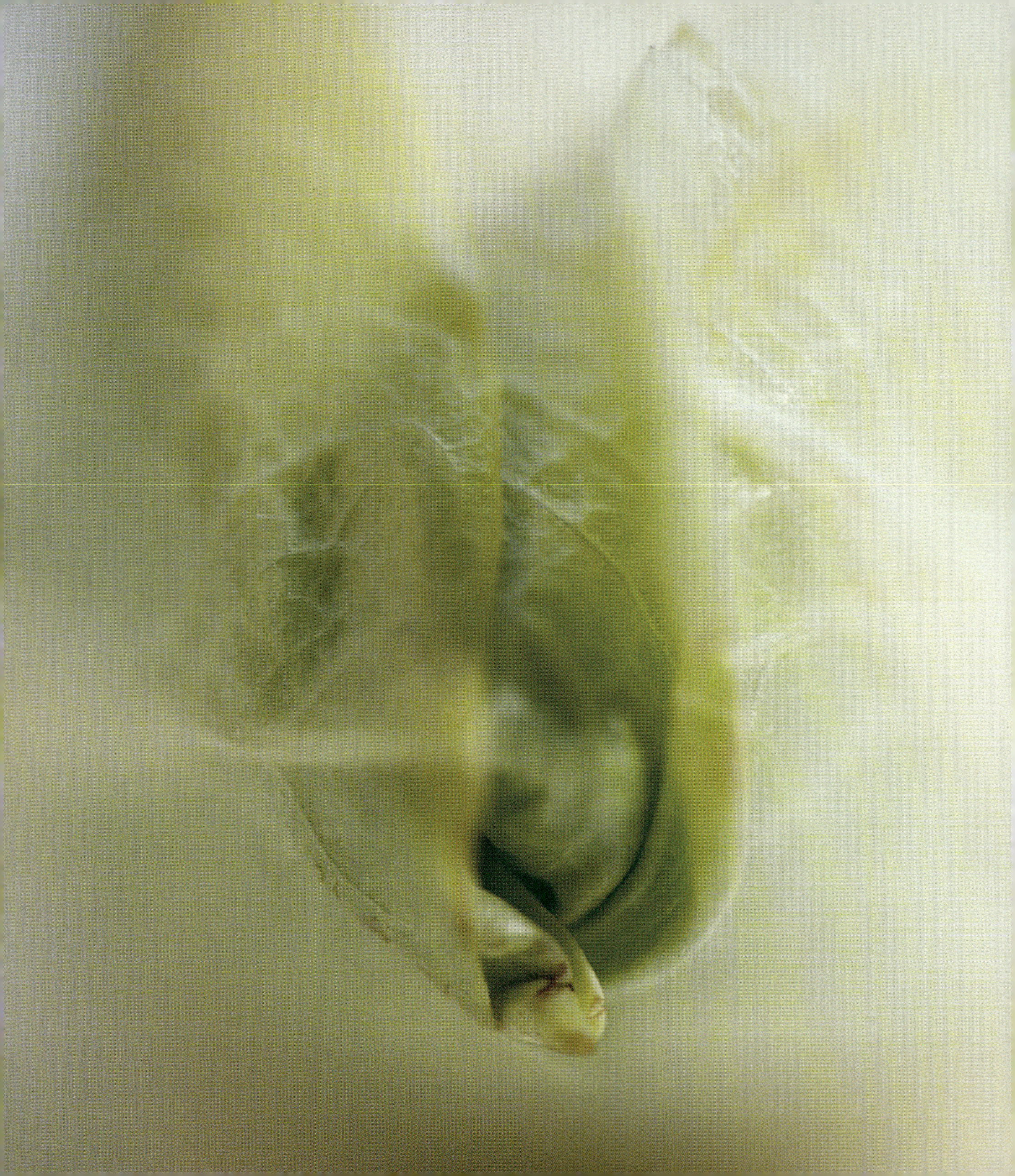

Knackig – Blatt für Blatt

SALATE

Nur Vorurteilsbehaftete verbinden mit Rohkost eher Gesundheitsapostel denn Liebespaare. Dabei ist der erotischen Vitalität nichts förderlicher als ein kräftiger Vitaminstoß. Zwar ist Vorsicht geboten: Manche Salatsorten enthalten nämlich Stoffe, die müde und unlustig machen können. Doch in der richtigen Zusammensetzung sowie gewürzt mit Liebeskräutern und aphrodisischen Marinaden ist ein frischer, knackiger Salat nur zu empfehlen. Ob als Vorspeise, Zwischengericht oder Beilage – Salat ist ein perfektes Belebensmittel und Energiebündel. Casanova etwa vertraute vor großen Herausforderungen auf Eiersalat, gewürzt mit einer Sauce aus Salbei, Schalotten, schwarzem Pfeffer und Weißweinessig …

Duftet nach Sommer

Friséesalat mit Mozzarella und Melone

Zutaten (für 3 Pers.)
1 kleiner Friséesalat
(ersatzweise Endivie)
1 Honigmelone
1/2 Salatgurke
150 g Mozzarella
250 g Erdbeeren
1 EL eingelegter grüner Pfeffer
1 unbehandelte Zitrone
1/8 l Orangensaft
einige Tropfen Tabasco, 2 cl Wodka
(kann man auch weglassen)
1 TL Honig
3 EL Walnußöl (oder anderes Öl)
frischer Pfeffer, Salz

Friséesalat waschen, trocknen und zerpflücken. Honigmelone halbieren, Kerne mit dem Löffel herausschälen, das Fruchtfleisch mit einem Kugelausstecher herauslösen oder mit einem Messer Würfel schneiden. Gurke schälen und in Scheiben schneiden, Käse in Streifen schneiden. Erdbeeren waschen und putzen. Große Beeren halbieren oder vierteln. Alles zusammen in einer Schüssel oder auf einer Platte anrichten. Mit den grünen Pfefferkörnern bestreuen. Zitrone heiß waschen. Schale dünn abschälen und fein hacken. Mit Zitronensaft, Orangensaft, Tabasco, Wodka, Honig und Öl verrühren. Mit Pfeffer und Salz abschmecken und über die Salatzutaten gießen.

Feine Anmache

Eiersalat »Casanova«

Zutaten (für 2 Pers.)
5 Eier
1 Stangensellerie
1 TL Senf
1 Schalotte, frischer Salbei
1/2 EL Weißweinessig
1 1/2 EL Trüffelöl (oder Kräuteröl, s. Seite 60)
etwas Crème fraîche
Salz, Pfeffer

Eier hart kochen und nach dem Auskühlen schälen. Eigelb herauslösen. Sellerie in Scheiben schneiden und in Salzwasser blanchieren. Eiweiß in Streifen schneiden und mit der ausgekühlten Sellerie in eine Salatschüssel geben. Mit einer Vinaigrette aus Essig, Öl, gehackter Schalotte, Salbei, Senf und Crème fraîche anmachen. Mit gehacktem Eigelb und Salbei bestreuen.

»Ein großer Verehrer der Melonen hat gefunden, daß Homer in seinen beiden großen Werken nur viermal dieselben erwähnt, während Knoblauch 130mal genannt wird«, berichtet der Gastrosoph Eugen van Vaerst.

Regt die Sinne an
Aphrodites Frühlingssalat

Zutaten (für 2 Pers.)
1/2 Kopfsalat
1/2 Friséesalat
100 g Feldsalat
100 g Staudensellerie
1/2 Avocado
100 g Erdbeeren

Für die Marinade:
3 EL Obstessig
1 1/2 EL Öl
1 EL Honig
1 EL Orangensaft
Pfeffer von der Mühle
1 TL Kresse

Blattsalate waschen, zerkleinern und mischen. Staudensellerie in Scheiben schneiden, Avocadofruchtfleisch mit einem Kugelausstecher herauslösen, Erdbeeren in Spalten schneiden und beides hinzufügen. Für die Marinade die Zutaten verrühren und den Salat damit marinieren. Mit Kresse garnieren.

Zarte Brüstchen
Geflügelsalat mit Avocado

Zutaten (für 2 Pers.)
1 Hähnchenbrust
Salz, Pfeffer, Paprika
1/2 EL Butterschmalz
einige Blätter Eisbergsalat
2 TL Sherry-Essig
1/2 Stange Staudensellerie
1 reife Avocado
1/2 Zucchino
1 kleine Tomate

Für die Sauce:
1 EL Crème fraîche
1–2 EL Sahne
1 EL Salatmayonnaise
Prise Salz, Curry, Koriander, Zucker

Brust mit Salz, Pfeffer und Paprika einreiben und in heißem Butterschmalz 5 Min. braten. Herausnehmen, abkühlen lassen und in Streifen schneiden. Eisbergsalat waschen, auf zwei Teller geben, mit etwas Essig beträufeln. Staudensellerie putzen, in Streifen schneiden. Avocado halbieren, entkernen, Fruchtfleisch mit einem Kugelausstecher herauslösen, mit restlichem Essig beträufeln. Mit Sellerie- und Fleischstreifen jeweils auf den Eisbergsalat geben. Zucchino in dünne Scheiben und Tomate in Achtel schneiden und jeden Teller damit garnieren. Zutaten für die Sauce miteinander verrühren und über den Salat geben.

Mit warmem Speck
Salat mit Gorgonzola und gerösteten Walnüssen

Zutaten (für 2 Pers.)
8 Croûtons (aus Weißbrotscheiben)
3 EL Olivenöl
50 g frische Walnußhälften
1 TL Walnußöl
Salz
verschiedene Blattsalate (grüner Salat, Eichblatt-, Frisée-, Eisbergsalat, Radicchio usw.)
50 g durchwachsener Speck (ohne Rinde)
30 g Gorgonzola

Für das Dressing:
1 EL Weinessig
3 EL Walnußöl
1/2 TL süßer Senf
Salz, frisch gemahlener Pfeffer

Backofen auf 180° C vorheizen. Die Croûtons beidseitig mit Olivenöl bestreichen und auf ein Backblech legen. Die Walnüsse in Walnußöl wenden, mit Salz bestreuen und ebenfalls auf das Backblech legen. Walnüsse 8–10 Min. rösten, dann herausnehmen. Die Croûtons umdrehen und auf der anderen Seite goldgelb rösten. Den Salat waschen und in kleine Stücke teilen. Alle Zutaten für das Dressing verrühren. Den Speck in dünne Streifen schneiden und kurz vor dem Servieren in wenig heißem Öl knusprig braten. Den Salat mit dem Dressing mischen. Speck, Nüsse, Käse und Croûtons darüber geben.

Gorgonzola – benannt nach einem kleinen Ort östlich von Mailand – verdankt, nach der Legende, seine Erfindung einem verliebten Hirten, der eine Nacht bei seiner Geliebten verbrachte und an ihrer Seite alle seine Pflichten vergaß. Am nächsten Tag war die Milch gestockt, er vermischte sie mit frischer und machte daraus den köstlichen Käse. Heute verwendet man für die Gerinnung der Milch spezielle Pilzkulturen, die während der Lagerung auch für die Ausbildung des Edelschimmels sorgen. Zuvor werden kleine Löcher in den Käselaib gebohrt, damit der Schimmel dicht wachsen und sich gut verteilen kann.

Nerven- und herzstärkend
Shiitake-Salat mit Tofu-Croûtons

Zutaten (für 2 Pers.)
75 g Tofu
1/16 l Sojaöl
1 Knoblauchzehe
100 g Shiitake-Pilze
1/2 rote Paprikaschote
100 g Feldsalat
1–2 EL Apfel- oder heller Reisessig
1 EL Sojasauce
Pfeffer

Tofu trockentupfen und in kleine Würfel schneiden. Vom Öl 2–3 EL für die Salatsauce wegnehmen, den Rest in einer Pfanne erhitzen. Die geschälte, halbierte Knoblauchzehe darin leicht bräunen, herausnehmen. Tofuwürfel im Öl unter häufigem Wenden goldgelb braten. Herausheben und auf Küchenpapier abtropfen lassen. Pilze putzen, Stiele herausdrehen, Köpfe in dünne Scheiben schneiden und im heißen Knoblauchöl braten. Herausnehmen und auf Küchenpapier abtropfen lassen. Paprikaschote waschen, putzen und in Würfel schneiden. Feldsalat putzen, waschen, auf zwei Teller verteilen. Pilze, Paprikawürfel und Tofu-Croûtons daraufgeben. Essig, Sojasauce und Öl verrühren, über den Salat träufeln. Schwarzen Pfeffer aus der Mühle darübermahlen.

Ahrodisische Mischung
Kartoffelsalat mit Räucheraal

Zutaten (für 2 Pers.)
350 g festkochende Kartoffeln
1/16 l Brühe (Instant)
1 Stange Porree (Lauch)
200 g Räucheraal
1/2 Bund Dill
1 EL Essig
1 EL süße Sojasauce
Salz, frisch gemahlener Pfeffer, Zucker
2 EL Öl
ca. 1/2 Röhrchen Kapern
(10 g, nach Belieben auch mehr)

Kartoffeln 20 Min. kochen, schälen und in Scheiben schneiden. Mit heißer Brühe übergießen und abkühlen lassen. Porree putzen, waschen und in Ringe schneiden. Fisch in mundgerechte Stücke schneiden. Dill waschen und von den Stielen zupfen. Alles in eine Schüssel geben oder auf einer Platte anrichten. Essig, Sojasauce, Salz, Pfeffer und Zucker verrühren. Öl unterrühren, Kapern mit der Flüssigkeit zufügen und abschmecken. Die Sauce über die Salatzutaten gießen und mind. 30 Min. durchziehen lassen. Mit Dill und einigen Kapern garnieren.

Tip: Statt Räucheraal paßt für diesen Salat auch jeder andere Räucherfisch (Makrele, Heilbutt, Forelle usw.).

Schon aufgrund seiner Form ist der Aal ein uraltes Sexualsymbol und darf daher keinesfalls in der Liebesküche fehlen. Die Ägypter vergötterten den schlangenähnlichen Fisch, die Römer errichteten eigens Fangschleusen am Gardasee, das Mittelalter feierte ihn als »König des Tafelvergnügens« und auch später schätzte man ihn als teuren Genuß. Jedenfalls galt Aal schon immer als äußerst aphrodisisch. Er enthält viel Vitamin A, einer der wichtigsten Vitalstoffe zur Förderung der sexuellen Potenz. Die Wirkung ist garantiert, auch wenn zum Glück die Zeiten vorbei sind, da man – wie der Römer Vadius Pollion – seine Meeraale mit dem Fleisch von Sklaven fütterte ...

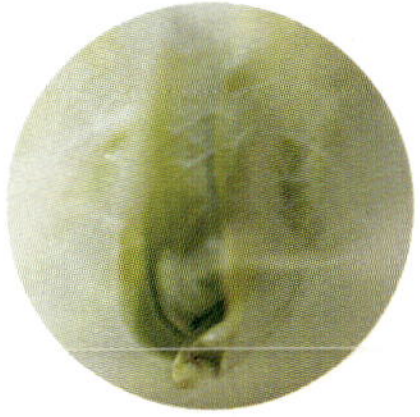

Mit frischen Kräutern
Chicoréesalat mit Lachswürfeln

Zutaten (für 2 Pers.)
150 g Lachsfilet
2 Chicoréestauden
6 Cocktailtomaten
etwas grüner Salat oder eine Blattsalatmischung
frische Kräuter (z.B. Estragon, Petersilie, Basilikum)
1/2 EL Butter
Spritzer Zitronensaft, 2 Zweiglein Kerbel
Salz, Pfeffer

Für das Joghurtdressing:
1/16 l Joghurt
1 EL Mayonnaise
Salz, frischer Pfeffer, etwas Essig und Zucker
1 feingehackte Knoblauchzehe

Chicoréestauden vom bitteren Strunk befreien und entblättern. Die Tomaten halbieren. Salat waschen, ebenso die Kräuter, und diese fein hacken. Für das Joghurtdressing alle angegebenen Zutaten vermischen. Chicoréeblätter und zerpflückte Salatblätter in einer Schüssel mit dem Joghurtdressing vermischen und auf großen Tellern anrichten. In einer Pfanne die Butter bei milder Hitze aufschäumen lassen und den gewürzten, in Würfel geschnittenen Lachs ca. 1–2 Min. darin schwenken. Zuletzt die Hälfte der gehackten Kräuter und einige Spritzer Zitronensaft zufügen. Mit den Tomatenvierteln zum angerichteten Salat geben. Den Rest der Kräuter darüberstreuen und mit dem Kerbel garniert sofort servieren.

Tip: Wenn Sie es eilig haben, nehmen Sie 1/2 Beutel fertiges Joghurtdressing.

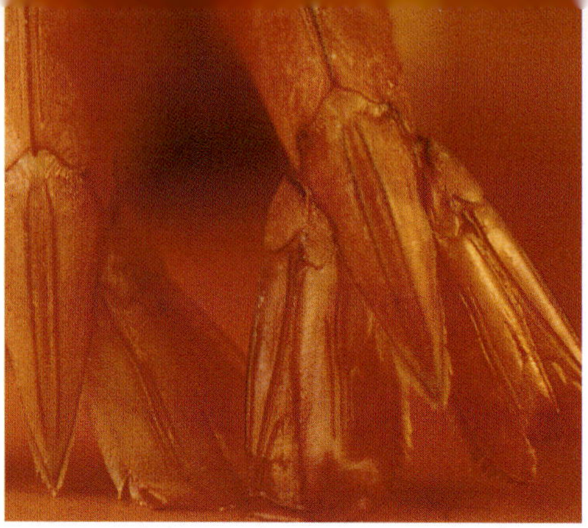

Schalentiere fördern die Liebe

Gebratene Hummerkrabben auf Römersalat

Zutaten (für 2 Pers.)
4 Hummerkrabben
100 g Morcheln (oder Champignons)
3 EL Olivenöl
1 Knoblauchzehe
2 EL Basamico-Essig
1/4 Römersalat
frisch gemahlener Pfeffer
Zucker
Salz

Hummerkrabben aus den Schalen lösen und den Darm entfernen. Morcheln in Scheiben schneiden und in 1 EL Olivenöl andünsten. Auf einem Sieb abtropfen lassen, dabei den Saft auffangen. Beiseite stellen. Hummerkrabben von jeder Seite 2 Min. in 1/2 EL Öl braten. Pfeffern und ebenfalls beiseite stellen. Zerdrückte Knoblauchzehe, restliches Öl, Morchelsaft, eine Prise Zucker und Essig in das Bratfett geben und aufkochen lassen. Mit Salz und Pfeffer abschmecken. Salatstreifen, Morcheln und Krabben auf zwei Tellern anrichten, warme Marinade darübergießen und sofort servieren.

Aphrodisiaka aus dem Tierreich werden in vielen Ländern hochgeschätzt, darunter vor allem Meeresfrüchte wie Austern, Tintenfische oder Garnelen, deren Fleisch als erotisches Stimulans sehr gepriesen wird.

Nur aphrodisische Zutaten

Meeresfrüchte-Salat

Zutaten (für 2 Pers.)
250 g Tintenfische (tiefgekühlt)
1 Bund Dill
1–2 Knoblauchzehen
1/2 Zitrone
4 EL Olivenöl
1/2 Gurke
1 Batavia-Salat
4 Riesengarnelen
100 g Tiefseekrabben
75 g Crabmeat (tiefgekühlt oder Dose)
75 g Scampis
2 EL Sherry (oder Orangensaft)
2 EL Weinessig
1 TL Honig
1 TL Senf
Salz, frisch gemahlener Pfeffer

Aufgetaute Tintenfische in Salzwasser 30 Min. kochen. Kalt abspülen, in Ringe schneiden. Dill (etwas zum Garnieren zurücklassen) mit gehacktem Knoblauch, Zitronensaft und gut 1 EL Olivenöl verrühren. Über die Tintenfischringe geben und vermischen. Gurke schälen, entkernen und in Streifen schneiden. Mit grob zerpflücktem Salat, Riesengarnelen, Tiefseekrabben, Crabmeat in Stücken und Scampis vermischen. Sherry mit Essig, Honig, Senf, Salz und Pfeffer verrühren. Restliches Öl unterschlagen und über die Salatzutaten gießen. Mit Dill überstreuen.

»Wer Melissenblätter mag, lacht gern, weil die Pflanze das Herz freudig anregt und erfrischt«, meinte Hildegard von Bingen. Die angenehm nach Zitronenöl duftende Pflanze galt in der Volksmedizin immer als wichtiges Frauen- oder Mutterkraut.

Verlockende Liebesfrüchte

Exotischer Obstsalat

Zutaten (für 2 Pers.)
2 Feigen
1/2 reife Mango
1 Kiwi
1 roter Apfel
1 TL Zitronensaft
einige Blätter Friséesalat
frische Zitronenmelisse

Für das Himbeer-Dressing:
150 g Himbeeren (tiefgekühlt)
1 EL Zucker
1 TL Weinessig
2 cl Cream-Sherry
Pfeffer

Feigen waschen, vierteln, Mango schälen und in Scheiben schneiden. Kiwi schälen, der Länge nach halbieren und in Scheiben schneiden. Apfel waschen, vierteln, Kerngehäuse entfernen, in Scheiben schneiden. Mit Zitronensaft beträufeln. Friséesalat waschen und in Stücke zupfen. Mit dem Obst auf zwei Tellern anrichten. Für das Himbeer-Dressing die aufgetauten Himbeeren durch ein Sieb rühren, damit die Kerne zurückbleiben. Zucker einstreuen, mit Essig, Sherry und Pfeffer würzen. Gut verrühren. Über den Salat geben und mit Zitronenmelisseblättchen garnieren. Dazu passen Mohnherzen (Seite 60), Käsestangen oder Sesamgebäck.

Erregendes Beiwerk

Knusprige Kleinkunst
Mohnherzen

Zutaten (für 2 Pers.)
1/2 Paket TK-Blätterteig
1 Eigelb
1 TL Milch
30 g geriebener Parmesan
frisch gemahlener weißer Pfeffer
Mohn zum Bestreuen

Den Blätterteig nach Vorschrift auftauen und zu einem Quadrat von 40 x 40 cm ausrollen. Eigelb mit der Milch verquirlen und diese Teigplatte mit dem Eigelb-Milch-Gemisch bepinseln. Mit dem Parmesan gleichmäßig bestreuen, pfeffern und die unbestreute Teighälfte darüberklappen. Dann 1 bis 1 1/2 cm breite Streifen der Länge nach mit dem Teigrädchen abschneiden und daraus Herzen (oder auch Brezeln) formen. Diese auf ein mit Wasser benetztes Backblech legen, die Oberfläche mit Eigelb bepinseln (dem Rest der Eigelb-Milch-Mischung) und mit Mohn bestreuen. Bei 220° C im Backofen hellblond backen.

Tip: Diese Herzen sind besondere Begleiter für jeden Salat.

Brot und Kuchen in erotischen Formen haben eine lange Tradition. Im alten Griechenland knetete man manche Kuchen in Form von Spiralen und weiblichen Brüsten. In Syrakus gab es ungebackene Opferkuchen aus Mehl und Sesam, geformt nach weiblichen Genitalien, die man den Göttinnen Demeter und Persephone darbrachte. Sehen Sie sich beim Bäcker um: Auch heute können Sie Gebäck und Kuchen in erstaunlich erotischen Formen entdecken, in denen diese Traditionen vielleicht unbewußt nachwirken.

Thymian beruhigt und stärkt das Herz. Verwenden Sie es daher nicht nur reichlich in Ihrer Liebesküche, sondern geben Sie es auch ins Badewasser: es duftet aromatisch, entspannt und erfrischt!

Besonders raffiniert
Kräuteröl

Kräuteröle sind einfach herzustellen und geben Salaten, Fleisch- und Fischgerichten, aber auch Gemüse und Salzgebäck nicht nur einen besonders intensiven Geschmack, sondern erhöhen auch deren stimulierende Wirkung. Dazu füllt man Olivenöl extra vergine oder Sonnenblumenöl in ein hohes Glasgefäß und gibt jeweils 1 EL frischen Thymian (oder Minze, Basilikum, Oregano, Rosmarin usw.) dazu. Das Gefäß wird dann mit etwas Gaze verschlossen und auf die Fensterbank, möglichst in die Sonne, gestellt. Nach 2 Wochen wird das so gewonnene Kräuteröl am besten durch ein Tuch, am einfachsten durch die Verschlußgaze, gefiltert und in ein anderes, gut gespültes Glasgefäß umgegossen – und das erregende Aromaöl ist fertig!

Tip: Sehr zu empfehlen ist auch das »grüne Gold« – das hochwirksame Kürbiskernöl ist ein geschmackvolles Salatöl!

An-rüchig
Knoblauchessig

Nach Gefühl: Zehen in Scheiben schneiden und mit Pfefferkörnern in eine Flasche füllen. Essig mit einer Prise Salz aufkochen lassen und ebenfalls in die Flasche füllen. Nach 3 Wochen abseihen und verwenden.

Frischer Dill vertreibt die Knoblauchfahne. Manche schwören auch auf Kardamom- oder Fenchelsamen, frischen Petersilienzweig oder eine Erdbeere unmittelbar nach dem Knoblauchkonsum.

»Pindea, ein altspanischer berühmter Exeget, behauptet, daß ein Fest nicht durch die Menge der Gerichte, sondern durch die Art, wie selbige genossen werden, seine Bedeutung erhält.«
(Eugen van Vaerst)

Scharfe Sache
Feuriger Marinadenessig

Für die Herstellung dieses Scharfmachers muß man ebenfalls vorausplanen:

1/2 l Weißweinessig in eine Flasche füllen, 6 getrocknete Chilischoten und 50 grüne, weiße und schwarze Pfefferkörner dazugeben. Die Flasche verschließen und auf einer sonnigen Fensterbank mind. 2 Wochen ziehen lassen.

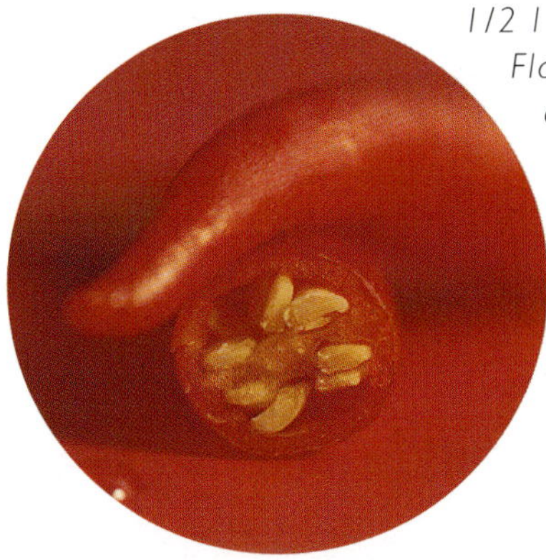

Saft & Kraft

WARME UND KALTE SUPPEN

Suppen stärken den Liebeshunger, heißt es. Auf alle Fälle bringen sie das kulinarische Geschehen zum ersten Siedepunkt. Etwa eine »Kraftsuppe«, die dafür sorgt, daß es heiß hergeht. In der Hitze des Gefechts kann aber auch eine eisgekühlte Gemüse- oder Früchtesuppe die ideale Erquickung sein – und der leichtbeschwingte Auftakt zum sommerlichen Liebesmenü. Im Winter freilich wärmt nichts so sehr das Herz wie eine dampfende Suppenschüssel. Nicht umsonst sagt ein uraltes Sprichwort: »Wer lange suppt, lebt (und man darf hinzufügen: liebt) lange!«

Kalte Suppe für heiße Nächte
Erfrischende Früchtesuppe

Zutaten (für 3 Pers.)
1/2 kg Obst (Weichseln, Marillen, Nektarinen, Ribisel, Orangen u.a.)
1–2 Päckchen Vanillezucker
und das Mark einer Vanilleschote
Zimt, Nelken, Nelkenpfeffer, Zucker
etwas Zitronensaft
1/2 dl Milch, 1 dl Rahm
1 1/2 EL Mehl

Obst, Gewürze, Zucker und Zitronensaft in 1 l Wasser kurz kochen. Milch, Rahm und Mehl verrühren und der Suppe beifügen. 1–2 Min. mitkochen. Den Topf vom Herd nehmen und kühl stellen.

Ungewöhnlicher Genuß
Kalte Feigensuppe

Zutaten (für 2 Pers.)
1/4 l Weißwein
5 getrocknete Feigen
1/4 l Milch
40 g Zucker
1 TL Stärkemehl
1 TL Zitronensaft
Prise Ingwer
1/2 Gläschen Cognac
1 EL gehackte Walnüsse

Den Weißwein leicht anwärmen und die Feigen darin über Nacht einweichen. Den Wein dann abgießen, mit der Milch vermengen, und den Zucker zufügen. Diese Mischung aufkochen. Das Stärkemehl mit einigen Löffeln Milch oder Wasser anrühren und damit die Wein-Milch-Mischung binden. Im Kühlschrank erkalten lassen. Erst dann Zitronensaft, Ingwerpulver und den Cognac zugeben. Die gequollenen Feigen, fein gewürfelt, vor dem Servieren darunterrühren und die gehackten Walnüsse darüberstreuen.

Temperamentvoll
Gazpacho andaluz

Zutaten (für 2 Pers.)
1/2 kg geschälte Tomaten
2 1/2 EL gehackte Frühlingszwiebeln
3 EL gehackte grüne Paprika
3 EL gehackte Salatgurken
1 kleine zerdrückte Knoblauchzehe
1/16 l Rotwein (oder Tomatensaft)
1 EL Olivenöl
1 EL Weißweinessig
1 EL Zitronensaft
1 EL Paprikapulver
1 Prise Estragon
1 EL gehackte Petersilie
Salz, schwarzer Pfeffer aus der Mühle
etwas Tabasco

Das Gemüse und die Gewürze zerkleinern und mit den übrigen Zutaten fein mixen, ev. mit etwas Suppe aufgießen, Salz und Pfeffer nach Geschmack hinzufügen. Alles mind. 90 Min. abgedeckt kühl stellen. In eiskalten Tassen oder Tellern servieren.

Tip: Reichen Sie feingewürfelte Tomaten, Gurken und Paprikaschoten sowie geröstete Croûtons separat, so daß Ihr Gast die Suppe selbst garnieren kann.

Mit Chili und Safran

Miesmuscheln in Fenchelsuppe

Zutaten (für 2 Pers.)
1/2 Zwiebel
etwas Suppengrün (Lauch, Möhre, Sellerie, Petersilie)
2 Knoblauchzehen
1 Tomate
2 EL Olivenöl extra vergine
3/4 kg Miesmuscheln
Salz, Pfeffer
1 kleine getrocknete Chilischote
1/8 l trockener Weißwein
1 Fenchelknolle (ca. 200 g)
1 Messerspitze Safran
1 TL Zitronensaft

Gemüse, Chili und Muscheln zubereiten wie im Rezept »Miesmuscheln in Portwein« (Seite 41) angegeben. Dafür nur die Hälfte des Olivenöls nehmen und auch jeweils die Hälfte der Zwiebel und des Knoblauchs zurückbehalten. Die fertigen Muscheln etwas abkühlen lassen, aus den Schalen lösen, beiseite stellen, Sud abseihen; wenn er sandig sein sollte, durch einen Kaffeefilter seihen. Inzwischen den Fenchel waschen, putzen, harte Teile abschneiden, das zarte Grün beiseite legen. Fenchel grob hacken. Das restliche Öl in einem Topf erhitzen, den Safran hinzufügen, Zwiebel und Knoblauch darin andünsten, den Fenchel dazugeben, ebenfalls andünsten und mit dem Zitronensaft würzen. Mit gut 1/4 l Wasser aufgießen, salzen und pfeffern, zugedeckt den Fenchel in 15 Min. weich kochen. Pürieren und durch ein Sieb passieren. Muscheln in die Fenchelsuppe geben und nochmals erwärmen, zurückgelegtes Fenchelgrün grob hacken und darüberstreuen.

Tip: Sie können den Fenchel auch in Butter dünsten und die Suppe mit Sahne verfeinern.

Piroschka läßt grüßen!

Hálaszlé

(Ungarische Fischsuppe)

Zutaten (für 2 Pers.)
1 Fischkopf von Karpfen oder Zander (Fogosch)
75 g Zwiebeln
1 Tomate, Salz, 1 Lorbeerblatt
4 Pfefferkörner, Essig
gut 1/2 l Wasser
500 g Karpfen- oder Zanderfilet
50 g Zwiebeln
2 EL Öl
40 g Räucherspeck
1 grünen Paprika
1 große Tomate
1 TL edelsüßen Rosenpaprika
gepreßten Knoblauch
50 g Tarhonya
Essig

Fischkopf wässern, Zwiebeln in Scheiben schneiden, Tomate achteln. Mit Wasser zustellen, Gewürze und Essig hinzufügen, gut 20 Min. kochen lassen. Abseihen, Tomaten und Zwiebeln durch ein Sieb streichen und zum Sud geben. Fischfilet in nußgroße Stücke, Speck und Zwiebeln in Würfel, grünen Paprika in Streifen, Tomate in kleine Stücke schneiden. Öl erhitzen, Speck anrösten, Zwiebeln dazugeben, weiterrösten. Paprikapulver einrühren, sofort mit etwas Essig löschen. Fischsud aufgießen. Paprikastreifen dazugeben, 10 Min. kochen. Fisch, Knoblauch und Tomaten beigeben, ca. 5 Min. heiß ziehen lassen. Tarhonya in Salzwasser kochen und dazugeben. Das Ganze pikant abschmecken.

Der kluge Mann hält sich zurück
Und streift im Fluge nur das Glück,
Es gänzlich zu erschöpfen,
Ziemt nur den hohlen Köpfen.
(Appetitlexikon *anno 1894 über den feurigen Paprika)*

Edle Kraftsuppe

Hühnersuppe mit Reisnudeln und Cognac

Zutaten (für 4 Pers.)
1 Suppenhuhn (ca. 1,75 kg)
1 Bund Suppengrün
1 Lorbeerblatt
5 Pfefferkörner
ca. 3 TL Salz
2 EL Cognac
2 l Wasser
500 g Möhren
500 g Chinakohl
70 g Reisnudeln
1 EL Sojasauce
Salz, Pfeffer
1 Bund Petersilie

Suppenhuhn unter fließendem kalten Wasser waschen. Suppengrün putzen, waschen und zerkleinern. Mit Lorbeerblatt, Pfefferkörnern, Salz und Cognac ins kochende Wasser geben und das Suppenhuhn hineinlegen. Zugedeckt ca. 90 Min. kochen. Möhren und Chinakohl putzen und waschen. Möhren in dünne Stifte und den Chinakohl in Streifen schneiden. Reisnudeln kurz in kaltem Wasser einweichen. Dann etwas ausdrücken und mit einer Küchenschere in ca. 5 cm lange Stücke schneiden. Huhn aus der Suppe nehmen, und die Brühe durch ein Sieb gießen. Brühe (ev. abfetten) erneut zum Kochen bringen. Möhren zufügen und ca. 20 Min. zugedeckt bei schwacher Hitze darin garen. Nach 10 Min. den Chinakohl und die Reisnudeln dazugeben. Hühnerfleisch von den Knochen lösen und kleinschneiden, kurz in der Suppe wieder erhitzen. Zum Schluß alles mit Sojasauce, Salz und Pfeffer abschmecken. Mit gehackter Petersilie bestreuen und in einer vorgewärmten Terrine servieren.

Ein Muß!

Kürbiscremesuppe

Zutaten (für 2 Pers.)
500 g Kürbis
1/2 Zwiebel
1 Knoblauchzehe
1 EL Olivenöl
1/2 l Hühnersuppe
1/8 l Schlagsahne
Salz, frischgemahlener Pfeffer
Muskatnuß
15 g Kürbiskerne

Das Kürbisfleisch würfeln. Zwiebel und Knoblauch hacken. Das Öl im Topf erhitzen: Kürbis, Zwiebel und Knoblauch darin unter Rühren 5 Min. andünsten, aber nicht bräunen. 1/8 l Suppe dazugießen und den Kürbis ca. 30 Min. weich kochen. Dann den Kürbis pürieren, mit der restlichen Suppe aufkochen und die Sahne dazugeben. Die Suppe mit Salz, Pfeffer und Muskatnuß abschmecken. Mit den Kürbiskernen, die zuvor in einer trocken erhitzten Pfanne unter Rühren geröstet wurden, bestreuen.

Tip: Wer das Rustikale liebt, kann diese Suppe in den ausgehöhlten Kürbishälften servieren.

Der Kürbis hat eine seit langem geschätzte aphrodisische und heilende Wirkung und ist daher mit seinem delikaten Fruchtfleisch, den Kernen oder als wertvolles Kernöl ein Muß in der Liebesküche.

Love-food aus China
Schwalbennestsuppe

Zutaten (für 2 Pers.)
20 g Schwalbennester (aus der Dose)
1/4 l Hühnerbrühe
1/4 l Pilzbrühe

Die Schwalbennester nach Dosenanweisung bereiten. Die Hühnerbrühe, die Pilzbrühe und ca. 1/2 l Wasser in einen Topf geben, erhitzen und die Schwalbennester einlegen. Ca. 1 Stunde kochen.

Die Schwalbennestsuppe gilt als potenzsteigerndes Mittel und belebt durch sein Hauptingredienz: das Nest der Meeresschwalbe, das aus dem nahrhaften chinesischen Seetang gebaut wird. Die Blätter, die reich an Mineralstoffen und Vitaminen sind, werden von Fischrogen zusammengehalten, die die Meeresschwalbe beim Nestbau benutzt. Die Schwalbennestsuppe gilt als eines der wirksamsten natürlichen Aphrodisiaka. Vielleicht mit ein Grund, warum sie so teuer ist!

Klassiker
Knoblauchsuppe

Zutaten (für 2 Pers.)
4 Knoblauchzehen
1 EL Butter
70 g Mandelblätter
1/2 l Geflügelfond
1 EL Sauerrahm Salz, Pfeffer, Muskat
etwas feingehackter Zitronenthymian
5 Stück blaue halbierte Weintrauben

Knoblauchzehen schälen und in Blätter schneiden. Die Butter in einem Topf erhitzen, Knoblauch darin anrösten, die Mandelblätter kurz mitrösten. Geflügelfond mit Sauerrahm glatt verrühren und damit aufgießen. Zugedeckt ca. 15 Min. sanft kochen. Mit Salz, Pfeffer, Muskat und Zitronenthymian abschmecken. Die Suppe vor dem Anrichten mit einem Schneebesen aufschlagen, mit Trauben und Toast servieren.

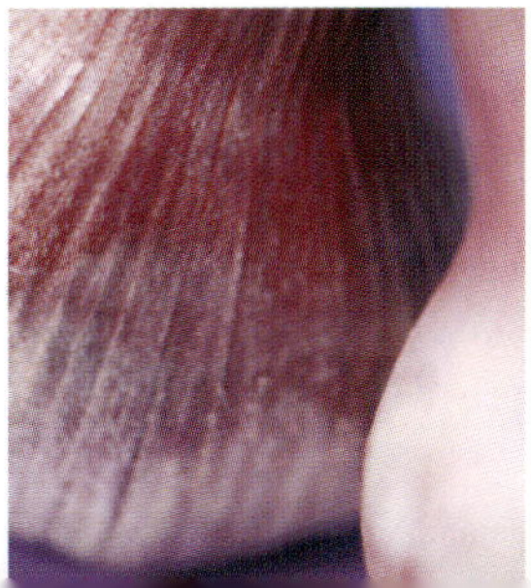

Mit Sekt und Walnüssen
Feine Möhrensuppe

Zutaten (für 2 Pers.)
250 g Möhren
180 g Kartoffeln
1 kleine Zwiebel
1 EL Butter
1/2 l Gemüsefond oder Brühe
1/4 Becher Schlagsahne (50 g)
Salz, frisch gemahlener Pfeffer
30 g Walnüsse
Schnittlauch zum Garnieren
1/8 l trockener Sekt

Möhren und Kartoffeln in Stücke schneiden. Zwiebel abziehen und würfeln. Gemüse in heißer Butter andünsten. Fond oder Brühe zugießen und bei mittlerer Hitze ca. 20 Min. kochen. Sahne zugießen. Alles mit dem Mixstab pürieren und mit Salz und Pfeffer abschmecken. Walnußkerne grob hacken. Schnittlauch grob schneiden. Suppe auf vorgewärmten Tellern portionieren und mit Walnußkernen und Schnittlauch bestreuen.
Am Tisch je einen Schuß kalten Sekt zugießen.

Stärkt die Leidenschaft

Selleriecremesuppe mit Herz

Zutaten (4 Pers.)
600 g Staudensellerie
250 g Zwiebel würfelig geschnitten
60 g Butter
3/4 l Gemüsefond
oder Rindsuppe
150 g geschälte mehlige Kartoffeln
1/8 l Sahne
120 g Sauerrahm
Räucherlachs zum Garnieren (ca. 100 g)
Salz, Pfeffer

Für die Herzen:
TK-Strudelblätter

Die Blätter von der Staudensellerie abzupfen, hacken und beiseite stellen. 150 g Sellerie schälen, in Würfel schneiden, in wenig Salzwasser überkochen und im Fond warmhalten. Die restliche Sellerie grob in Stücke schneiden und mit den Zwiebeln in Butter kurz anlaufen lassen. Mit Gemüsefond aufgießen und zum Kochen bringen. Kartoffeln ebenfalls in Würfel schneiden und in die Suppe geben. Nach ca. 15–20 Min., wenn Sellerie und Kartoffeln weichgekocht sind, Sahne und Sauerrahm zugeben. Mit einem Mixstab zur gewünschten Konsistenz mixen, durch ein Sieb seihen und nochmals kurz aufkochen lassen. Mit Salz und Pfeffer abschmecken und die gehackten Staudenselleriеblätter einstreuen.

Für die Einlage die Strudelblätter flach auf ein Nudelbrett auflegen und max. 10 cm große Herzen ausstechen. Diese auf ein trockenes Blech legen und kurz in ein vorgewärmtes Rohr bei 250° C schieben. Wenn die Herzen Farbe annehmen, aus dem Rohr nehmen. Die heiße Suppe noch einmal aufmixen, die Selleriewürfel in Teller geben und die Suppe daraufgießen. Kurz vor dem Servieren die Herzen und den in feine Streifen geschnittenen Lachs auf die Suppe legen.

Mit zarten Wachtelbrüstchen

Morchelschaumsuppe

Zutaten (2 Pers.)
2 Wachteln
50 g Wurzelwerk
1/8 l Rotwein
1/8 l Wasser
50 g Schalotten
50 g Morcheln
25 g Butter
Salz, Pfeffer, Thymian
Zitrone
1/8 l Schlagsahne

Den gekochten Wachteln die Brüstchen ablösen und beiseite stellen. Übrige Wachtelteile in Öl anbraten, Wurzelwerk dazugeben, mit Rotwein löschen, mit Wasser auffüllen, reduzieren lassen, abseihen. Schalotten und Morcheln in Butter anschwitzen, Gewürze und Spritzer Zitrone zufügen, mit Wachtelfond aufgießen, aufkochen lassen, mit flüssiger Schlagsahne auffüllen. Langsam ca. 10 Min. köcheln lassen. Wachtelbrüstchen in der Pfanne knusprig braten. Zwei Suppenteller mit Suppe füllen und je ein Wachtelbrüstchen dazugeben.

Anregend

Delikate Kräutersuppe

Zutaten (für 2 Pers.)
1 Zwiebel
ein Stückchen Lauch
4 Bund Kräuter nach Belieben
(Petersilie, Bärlauch, Basilikum,
Liebstöckel, Kerbel u.a.)
1 EL Butter
1/2 l Fleischbrühe
1 Eigelb
1 EL Crème fraîche
Salz, Pfeffer

Die Zwiebel schälen und sehr fein hacken. Lauch zerkleinen, die Kräuter waschen, die Blättchen von den Stengeln zupfen und ebenfalls zerkleinern. Die Butter in einer Kasserolle heiß, aber nicht braun werden lassen. Die Zwiebeln darin unter Rühren weich dünsten, ohne zu bräunen. 2/3 der gehackten Kräuter dazugeben und kurz mitdünsten. Die Fleischbrühe dazugießen und aufkochen. Die Suppe anschließend ca. 10 Min. bei milder Hitze köcheln lassen. Die restlichen Kräuter dazugeben (einige zum Garnieren aufheben). Die Suppe mit dem Mixstab pürieren und wieder in die Kasserolle gießen. Das Eigelb mit der Crème fraîche gut verquirlen. Kräftig mit Salz und Pfeffer würzen. Diese Legierung langsam in die heiße Suppe gießen. Die Suppe weiterhin auf mildem Feuer unter ständigem Rühren dicklich werden lassen. Achtung: Die Suppe darf nicht kochen, weil sonst das Eigelb gerinnt. Das Ganze nochmals abschmecken. In Schälchen oder tiefe Teller verteilen, mit frischen Kräutern garnieren und heiß servieren.

Anti-Streß-Mittel

Maronicremesuppe

Zutaten (für 2 Pers.)
8 Stück gebratene Maroni
1/8 l Milch
1/16 l Schlagsahne
15 g Butter
15 g Mehl
1/2 l Hühnerbrühe
Salz, Pfeffer, Muskat
Schuß Weinbrand
Schlagsahne und geröstete
Kürbiskerne zum Garnieren

Maroni zerkleinern, mit Milch und Schlagsahne mischen. Aus Butter und Mehl eine Einmach bereiten. Mit der Hühnerbrühe aufgießen und 10 Min. verkochen. Maronimasse zur Suppe geben, verkochen und alles mit dem Mixstab pürieren. Abschmecken, mit Salz, Pfeffer, Muskat und Weinbrand würzen und in Teller gießen. Mit einem Sahnehäubchen und gerösteten Kürbiskernen garnieren.

Daß Lauch eine alte Liebespflanze ist, zeigt sein Name in Österreich: nämlich Porree, eine Bezeichnung, die aus dem Lateinischen kommt und beweist, daß man hierzulande die kulinarischen Wohltaten der Römer nachhaltig zu schätzen weiß. Tip: Schmoren Sie Lauchgemüse nur kurz und bei nicht zu hoher Temperatur, um das Vitamin C zu erhalten. Dünne Stangen sind vorzuziehen: sie sind milder im Geschmack und schneller gar.

Fleischliche & andere Genüsse

HAUPTGERICHTE UND BEILAGEN

Das Hauptgericht ist der genußvolle Höhepunkt des amourösen Mahls und ohne Zweifel ein entscheidender Akt in der Dramaturgie des kulinarischen Liebesspiels. Als Trost für alle, die nicht zu den besten KöchInnen der Welt zählen, sei daran erinnert: Solange Humor und gute Laune im Spiel sind, kann nicht viel schiefgehen. Ohnehin steht selbst der perfekteste Hauptgang nicht allein da. Zum Gelingen eines Liebesmahls tragen die gastronomischen Vorspiele ebenso bei wie das richtige Finale oder so delikate Abschweifungen wie Salate, Beilagen oder Zwischengerichte. Ja, manche Paare kommen gar nicht bis zur Hauptspeise ... Schade, denn alle folgenden Rezepte – Fisch für Glück in der Liebe, Fleisch für die Kraft der Leidenschaft und viel Gemüse für vitale Belebung – bestehen natürlich aus aphrodisischen Zutaten.

Sinnliche Inspiration

Meerbarbe mit Zucchini

Zutaten (für 2 Pers.)
2 frische, violettrosa Meerbarben
(à mind. 200 g)
2 junge, schmale Zucchini
Salz, Pfeffer
2 EL Olivenöl extra vergine
1 Knoblauchzehe
1 Rosmarinzweig
3 EL trockener Weißwein
6 junge Basilikumblättchen

Die Fische (bereits ausgenommen und geschuppt) sorgfältig waschen, die Kiemen herausnehmen.
Die Zucchini in Scheibchen hobeln. Den Backofen auf 200° C vorheizen. Die Fische abtrocknen, leicht salzen, kräftig pfeffern und mit wenig Olivenöl einpinseln. Danach in eine ofenfeste Pfanne oder einen Schmortopf legen, mit den Zucchinischeiben schuppenartig belegen (die Scheiben sollen sich jeweils ca. zur Hälfte überlappen). Mit dem restlichen Olivenöl übergießen.
Die Knoblauchzehe schälen, längs vierteln und neben die Fische verteilen.
Die Rosmarinnadeln abzupfen und ebenfalls neben die Fische ins Öl streuen. Pfanne oder Schmortopf in den vorgeheizten Ofen schieben. Nach 3 Min. die Meerbarben mit dem Weißwein übergießen. Pfanne wieder einschieben. Wiederholt mit etwas Sud übergießen.
Inzwischen die Basilikumblättchen in feine Streifen schneiden. Nach insgesamt 15 Min. die Fische aus dem Ofen nehmen, mit dem frischen Basilikum bestreuen und sofort servieren.

Tip: Nehmen Sie unbedingt frische und ausgenommene Meerbarben, lassen Sie sie vom Händler schuppen. Und noch etwas: Wenn Sie frische Zucchiniblüten bekommen, geben Sie in das Öl noch einige feingehackte Blüten – das sieht wunderschön aus und schmeckt köstlich!

Beilage: Salat sowie Polenta oder Kartoffeln.

In Asien symbolisiert der Fisch Glück und Reichtum!

Liebeskochkunst pur

Aal in weingedämpfter Sellerie

Zutaten (für 2 Pers.)
1/2 kg frischer (grüner) Aal
1 Staude Stangensellerie
etwas Suppengrün
(Möhre, Sellerie, Lauch, Petersilie)
1/2 Zwiebel
25 g Butter
1 Lorbeerblatt
1/2 TL Pfefferkörner, Salz
1/8 l trockener Weißwein
50 g Schlagsahne
1 Eigelb

Den vom Händler gehäuteten und ausgenommenen Aal in ca. 4 cm lange Stücke schneiden. Von der Sellerie die äußeren faserreichen Stengel entfernen. Von den zarten Stengeln die schönen Blätter abzupfen und beiseite stellen. Suppengrün und Zwiebel putzen, waschen und würfeln. Die Butter in einem Topf zerlassen, das gewürfelte Gemüse hineingeben und leicht anschwitzen, aber keine Farbe annehmen lassen. Lorbeerblatt, Pfefferkörner und Salz hinzufügen, Weißwein und 1/8 l Wasser zugießen, 20 Min. köcheln lassen. Die Aalstücke einlegen und 20 Min. ziehen lassen, ohne sie zu kochen. Dann herausheben und warm stellen. Kochsud durch ein Sieb abgießen und wieder aufsetzen. Wenn er aufwallt, Selleriestücke hineingeben und 3 Min. sprudelnd kochen. Die Sahne und das Eigelb verquirlen und den Sud damit zu einer Sauce abbinden, kräftig schlagend erhitzen, aber nicht mehr kochen lassen. Abschmecken. Sellerieblättchen ein wenig hacken und zusammen mit den Aalstücken noch einige Minuten in der heißen Sauce ziehen lassen.

Beilage: Kartoffelsalat mit Basilikum und Ruccola (Seite 92).

Im Gegensatz zur Knollensellerie wächst Stauden- oder Bleichsellerie zum größten Teil oberirdisch. Deshalb enthält sie mehr Vitamin C. Ihre knackigen Stangen sind roh mit Dips eine anregende Knabberei und auch gedünstet, geschmort oder überbacken zu empfehlen.

Erotische Feinkost
Bachforelle mit Frühlingskräutern

Zutaten (für 2 Pers.)
2 Forellen
(à ca. 250–300 g, ausgenommen)
etwas Mehl
30 g Butterschmalz
Salz, Zitronensaft
1 Handvoll Erbsenschoten
etwas Friséesalat
süße Sojasauce
Curry

Marinierte Frühlingskräuter:
1 EL Estragon- oder Holunderblütenessig
2 EL Traubenkernöl
1 EL Sonnenblumenöl
Salz, Pfeffer
1 Spritzer Süßstoff
1 TL Bärlauch
1 TL Basilikum
1 TL Kerbel (am besten ist Waldkerbel)

Die Forellen waschen, innen und außen salzen, in etwas Mehl wenden, gut abstauben. Im heißen Fett auf beiden Seiten knusprig braten, zum Schluß mit etwas Zitronensaft beträufeln. Die Erbsenschoten putzen, waschen und in Salzwasser blanchieren. Noch warm mit etwas Salz, Pfeffer, Olivenöl und einem Spritzer Estragonessig sowie etwas Friséesalat mischen. Für die marinierten Kräuter alle Zutaten mit einem Mixstab pürieren. Die Forellen auf zwei Tellern mit den Erbsenschoten und den marinierten Frühlingskräutern anrichten. Vor dem Servieren mit etwas süßer Sojasauce und Curry beträufeln.

Tierischer Luxus
Hummer im Gemüsebett

Zutaten (für 2 Pers.)
2 Portionshummer (ca. 1/2 kg pro Person)
1 Bund Petersilie
2 Lorbeerblätter
2 Wacholderbeeren
1 EL weiße Pfefferkörner, Meersalz
1 Zwiebel, 2 Möhren, 1 Lauchstange
2 Stangen Sellerie
20 g Butter
1 Zucchino
8 Cocktailtomaten

Die Hummer waschen, einen großen Topf mit mind. 3 l Wasser aufsetzen. Petersilie waschen und die Blätter abzupfen. Dem Wasser die Petersilienstengel, Lorbeerblätter, Wacholderbeeren und Pfefferkörner beifügen. Wenn das Wasser kocht, pro Liter 25 g Meersalz hinzufügen. Die Hummer dazugeben. Das Wasser noch einmal aufwallen lassen, dann den Topf vom Herd nehmen und alles 8–10 Min. ziehen lassen. Inzwischen das Gemüse waschen, putzen und klein schneiden: Zwiebeln achteln, Möhren in Streifen hobeln, Lauch schräg in Ringe und Sellerie in Scheiben schneiden. In der Butter anschwitzen, dann mit je einer Kelle Wasser und Hummer-Kochsud ablöschen und das Gemüse darin wenige Min. bißfest kochen. Von dem gewaschenen Zucchino (mit Schale) rundum Streifen abhobeln, die Cocktailtomaten halbieren oder vierteln. Hummer in eine Schüssel betten, Zucchinistreifen und Tomatenviertel daneben legen, mit der kochendheißen Brühe und dem Gemüse übergießen, Petersilie darüberstreuen und vor dem Servieren noch ein paar Min. ziehen lassen.

Der Hummer wird wegen der leuchtendroten Farbe, die er beim Kochen bekommt, auch »Kardinal der Meere« genannt. Das soll nicht irreführen: Der große Krebs zählt zu den wirksamsten Aphrodisiaka aus dem Wassertierreich und ist ein besonderer, exklusiver Genuß.

Augenschmaus
Entenbrust in Calvados

Zutaten (für 3 Pers.)
2 säuerliche Äpfel (1/2 kg)
1 große Orange
1 Karambole
Fett für das Blech
frisch gemahlener Pfeffer
einige Zweiglein frischen Thymian
3 Entenbrustfilets à ca. 200 g
15 g Butterschmalz
Salz
3 TL Orangenmarmelade
1/8 l Apfelschnaps
1/8 l Hühnerfond (1/4 Glas)
2 EL Schlagsahne
1–1 1/2 EL heller Saucenbinder (Instant)

Äpfel und Orange schälen und in Scheiben schneiden. Karambole ebenfalls in Scheiben schneiden. Obst auf ein gefettetes Backblech fächerartig schichten. Pfeffern und mit Thymianblättchen und Butterflöckchen bestreuen. Entenbrustfilets kalt abspülen, trockentupfen, und die obere Haut 5–6mal mit einem spitzen Messer quer einschneiden. Fleisch in heißem Butterschmalz von beiden Seiten ca. 4 Min. braun anbraten. Mit Salz und Pfeffer würzen und die obere Seite mit je 1 TL Orangenmarmelade bestreichen. Angebratene Entenbrüste auf das Obst legen. Blech in den Backofen schieben, auf 225° C schalten und 20 Min. braten. Obst und Fleisch mit Apfelschnaps begießen und weitere 5 Min. braten. Für die Sauce Hühnerfond zum Bratensatz in die Pfanne gießen und loskochen. Sahne zugeben, und die Sauce mit Saucenbinder andicken. Den Bratensaft vom Blech vorsichtig zur Sauce geben, und alles mit Salz, Pfeffer und ev. noch etwas Orangenmarmelade abschmecken.

Beilage: Briochekartoffeln (Seite 94).

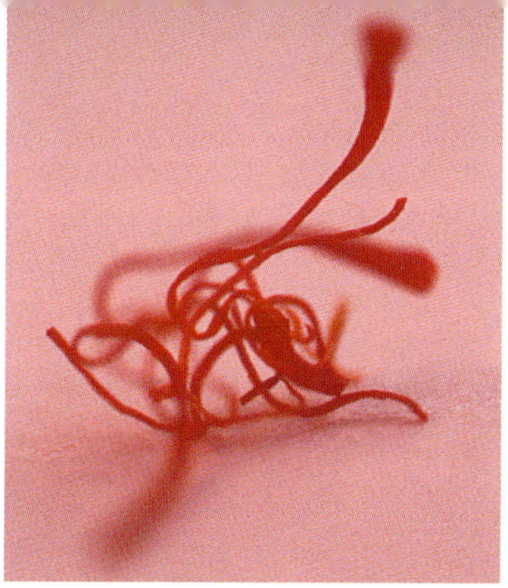

Kostbare Fäden
Hühnerfilets in Safran mit »Pommes d'amour«

Zutaten (für 2 Pers.)
3 Tomaten
2 Hühnerfilets (zusammen 330 g)
3 EL Sonnenblumenöl
40 g Butter
1 kleine Zwiebel
1/16 l Weißwein
1/2 Päckchen Safran
1/16 l Hühnerbrühe (ev. Würfel)
1/8 l Schlagsahne
1/2 unbehandelte Zitrone

Tomaten (»Pommes d'amour«) kurz überbrühen, kalt abschrecken, enthäuten, vierteln, entkernen und klein würfelig schneiden. Filets salzen und pfeffern. In Öl und Butter beidseitig anbraten. Aus dem Fett heben und in ein Kochgeschirr legen. Im Bratfett feingeschnittene Zwiebel anschwitzen, durchschwenken und mit Weißwein ablöschen. Safran und Hühnerbrühe zugeben und bis zur Hälfte einkochen. Schlagsahne einrühren und über die Filets gießen. Mit etwas geriebener Zitronenschale würzen, zugedeckt ca. 15 Min. lang dünsten. Filets aus der Sahne heben, warm stellen. Sauce auf cremige Konsistenz einkochen. Tomatenwürfel zufügen. Restliche kalte Butter einrühren. Mit Salz, Pfeffer, Zitronensaft abschmecken. Filets in Scheiben schneiden und mit der Sauce übergießen.

»Liebling der Venus«
Täubchen im Sesammantel mit Safrantomaten

Zutaten (für 2 Pers.)
125 g Tomaten
150 g Blattspinat
1 kleine Knoblauchzehe
1 kleine Schalotte
1 Taube (küchenfertig; bei größerem Appetit: 2 Tauben nehmen!)
Salz, Pfeffer
1 EL Sojaöl
25 g Sesamkörner (leicht geröstet)
1/2 Bund Basilikum
1 TL Olivenöl
Muskatnuß
20 g Butter
5 Safranfäden
Zucker

Tomaten über Kreuz einritzen, blanchieren, abschrecken und abtropfen lassen. Die Haut abziehen, Tomaten achteln und entkernen. Spinat putzen, waschen und abtropfen lassen. Knoblauch und Schalotte schälen und fein hacken. Taubenbrust auslösen, salzen, pfeffern und in erhitztem Sojaöl in einer Pfanne mit der Hautseite zuerst von beiden Seiten kurz anbraten. Aus der Pfanne nehmen, rundum in der Sesamsaat wälzen und im vorgeheizten Backofen bei 200° C auf der zweiten Einschubleiste von unten 4–5 Min. garen (Umluft nicht empfehlenswert). Herausnehmen und 2 Min. zugedeckt ruhen lassen. Inzwischen die Basilikumblätter abzupfen. Schalotte und Knoblauch in einem Topf in Olivenöl bei milder Hitze andünsten. Spinat und Basilikum dazugeben und unter Rühren 2–3 Min. knapp garen. Mit Salz, Pfeffer und Muskat würzen. In einer Sauteuse die Butter mit den Safranfäden zerlassen, die Tomaten darin kurz schwenken, mit Salz und einer Prise Zucker würzen. Zum Anrichten jeweils etwas Basilikum-Spinat auf einen Teller geben, eine schräg halbierte Taubenbrust daraufsetzen und die Safrantomaten dazugeben.

Tip: Ein paar Rosmarinzweiglein und die Blüten der Kapizinerkresse als Garnitur machen dieses Gericht noch erregender.

Tauben, so hieß es im Mittelalter, erzeugen »gutes Blut« und stärken auf wunderbare Weise, weiters erwärmen sie die Lenden und »regen so zum Beischlaf an«. Wohl auch deshalb wurden die zarten Vögel im Altertum »Liebling der Venus« genannt. Daß sie etwas Besonderes blieben, zeigt die Tatsache, daß in Frankreich der Besitz eines Taubenschlags bis zur Revolution 1789 ein Privileg des Adels war!

Die Kokospalme ist in Indien ein Symbol der Schönheit, der Liebe und der Ehe. Ihre Nüsse gelten seit alter Zeit als Aphrodisiakum. Sie sind jedenfalls nahrhaft und gesund, was sich auf die Sexualität in jedem Fall positiv auswirkt.

Gelingt immer
Putencurry mit Kokos

Zutaten (für 2 Pers)
200 g Putenbrust, in Würfel geschnitten
20 g Butter oder Margarine
1 EL brauner Zucker
1 TL milder Curry
1/2 TL Zimt
Messerspitze Ingwerpulver
50 g Zwiebeln
1 Möhre
1/8 l Brühe (Instant)
50 g Champignons
1/2 Bund Lauchzwiebeln
1 EL Kokosraspeln
ca. 1 EL Essig
Salz

Fleischwürfel in heißem Fett rundherum braun anbraten. Mit 1/2 EL braunem Zucker bestreuen. mit Curry, Zimt und Ingwer würzen. Zwiebelviertel und Möhrenstücke zufügen und andünsten. Brühe zugießen und in der geschlossenen Pfanne 30 Min. schmoren. Champignon- und Lauchzwiebelstücke zufügen und noch 5 Min. weiterschmoren. Kokosraspeln ohne Fett in einer Pfanne anrösten und mit restlichem Zucker bestreuen. Das Ganze mit Essig, Salz und Curry scharf abschmecken. Mit Kokosraspeln bestreut servieren.

Beilage: Basmatireis oder knuspriges Baguette.

Würziges Flair vom Mittelmeer
Geschmortes Kaninchen in Weißwein

Zutaten (für gut 4 Pers.)
1 Kaninchen von max. 2 kg
500 g Zwiebeln
1 Knoblauchknolle
0,1 l Olivenöl
Salz, schwarzer Pfeffer
1 TL Safran
3 EL Tomatenmark
1/4 l trockener Weißwein
1/4 l Fleischbrühe
1 Lorbeerblatt, 1 Zweig Thymian

Das Kaninchen in Portionsstücke zerteilen. Den Backofen auf 180° C vorheizen. Die Zwiebeln und den Knoblauch schälen und grob hacken. In einem Schmortopf die Kaninchenteile in Olivenöl von allen Seiten anbraten. Mit Salz und Pfeffer würzen, herausnehmen und beiseite stellen. Zwiebeln und Knoblauch im verbliebenen Öl weichdünsten, Safran und Tomatenmark unterrühren und mit dem Weißwein und der Fleischbrühe aufgießen. Die Kaninchenteile in den Schmortopf legen. Lorbeerblatt und Thymian dazugeben, und das Kaninchen zugedeckt im Backofen ca. 45 Min. schmoren.

Beilage: Kleine Rosmarinkartoffeln und fritierte Salbeiblätter (Seite 93).

Safran war immer ein hochbegehrtes sexuelles Anregungsmittel. Schon der griechische Entstehungsmythos ist erotisch: Als Zeus auf dem Berg Ida die Göttin Hera umarmte, ließ die Erde zur Feier der Liebe neben anderen herrlichen Blumen auch den Krokus emporsprießen, der mit seinen berauschenden Blütenstempeln seither nicht nur Göttinnen und Göttern den Kopf verdrehte. Schon in der Antike war dieses intensiv-färbende Gewürz exklusiv und teuer, was die Römer nicht davon abhielt, mit Safran, das als Mittel gegen Trunkenheit galt, am Ende der Mahlzeit den Boden zu bestreuen.

Die Jagd war ein altes Privileg des Adels. Doch nicht alle Teile der erlegten Tiere (darunter Wildschweine, Hasen, Rehe und Hirsche) waren würdig, auf einer herrschaftlichen Tafel zu erscheinen: Man servierte allenfalls die Schenkel oder Lenden, eine aphrodisische Spezialität waren Hirschhoden (genannt die »Geilen«), die man als Ragoût servierte, ebenso die Augen, die im Mittelalter ebenfalls hochgeschätzt waren.

Jagdfieber

Ragoût mit Hirsch und Steinpilzen

Zutaten (für 2 Pers.)
3/4 kg Hirschfleisch (von der Keule)
100 g Schmalz
150 g Zwiebeln
25 g Tomatenmark
1/16 l Suppe
Thymian, Salz, Pfeffer
200 g Steinpilze
1 Lorbeerblatt
1/4 Bund Petersilie
1/4 l Sauerrahm
50 g Mehl
1/10 l Weißwein

Das Fleisch in fingerdicke Streifen schneiden und in kaltem Wasser waschen. Feingehackte Zwiebeln in Fett goldgelb rösten, Tomatenmark kurz mitrösten und das Hirschfleisch dazugeben. Mit Suppe ablöschen und mit Thymian, Salz und Pfeffer würzen. Zudecken und auf großer Flamme im eigenen Saft schmoren lassen. Inzwischen die Pilze putzen, waschen und in Scheiben schneiden. Wenn das Fleisch fast weich ist, die Pilze, das Lorbeerblatt und die feingehackte Petersilie dazugeben. Alles fertigdünsten. Den Sauerrahm und das Mehl miteinander glattrühren, das Ragoût damit binden. Mit Weißwein abschmecken. Dabei darauf achten, daß die Sauce nicht klumpt.

Beilage: Preiselbeeren und »Halbseidene« (Seite 96).

Romantisch gespickt

Rehrücken in Wacholdersauce

Zutaten (für 2 Pers.)
3/4 kg Rehrücken
100 g Selchspeck
5 Wacholderbeeren
1 kleine Möhre
1/4 Sellerieknolle
1/8 l Wildfond
1 TL Mehl
1/16 l Sauerrahm
Salz, Pfeffer

Fleisch vom Knochen lösen, gut zuputzen, würzen und der Länge nach spicken. Wenn Sie es romantisch machen wollen, dann schneiden Sie Medaillons vom Rehrücken und stechen diese in der Mitte mit einem Herzförmchen aus. Ebenso Herzchen vom Selchspeck ausstechen und diese dann in das Herzloch im Rehmedaillon geben. Den gespickten Rehbraten bzw. die Rehmedaillons dann ca. 3 Min. von allen Seiten gut anbraten, bei ca. 200° C im Rohr ca. 5 Min. braten, anschließend 2 Min. rasten lassen. Alle Zeitangaben je nach Größe und Stärke der Filets bzw. der Medaillons. Das Fleisch soll innen noch zartrosa sein. Im Bratenrückstand noch einige Speckreste, kleingehackte Wacholderbeeren, klein geschnittene Möhre und Selleriewürfel anrösten und mit 1/4 l Wildfond aufgießen, weich kochen und mit dem mit Mehl abgerührten Rahm binden. Dann aufkochen lassen, mit dem Mixstab pürieren und durch ein feines Sieb passieren.

Beilage: Feines Karfiolmousse mit gerösteten Kürbiskernen (Seite 95).

Für Gesundheit und Kondition empfahl Pater Sebastian Kneipp nicht nur Kaltwasser-, sondern auch Wacholderbeerkuren!

Heiß und erotisch

Rindfleisch in Austernsauce

Zutaten (für 2 Pers.)

250 g Rinderfilet
1 Messerspitze frisch gemahlener schwarzer Pfeffer
1 EL dunkle Sojasauce
1 TL Weizenmehl
3 getrocknete Tongku-Pilze (aus dem Asienladen)
150 g Austernpilze
1 Frühlingszwiebel
1 kleine frische rote Peperoni
2 Knoblauchzehen
1 Stück frischer Ingwer (ca. 2,5 cm dick)
1 1/2 EL Öl
3 EL Austernsauce
1 TL Fischsauce
Zucker
2 EL Reiswein

Fleisch kalt abspülen, trockentupfen, entsehnen und in ca. 1 cm große Würfel schneiden. Mit Pfeffer, Sojasauce und Mehl mischen, 1 Stunde zugedeckt im Kühlschrank marinieren. Inzwischen die Tongku-Pilze waschen, in heißem Wasser ca. 20 Min. einweichen. Austernpilze putzen, kurz abbrausen und in grobe Stücke schneiden. Frühlingszwiebel längs halbieren und in ca. 3 cm lange Stücke schneiden. Peperoni waschen, entstielen und entkernen, längs halbieren und in Streifen schneiden (danach Hände waschen!). Knoblauch und Ingwer fein hacken. Tongku-Pilze vorsichtig ausdrücken und vierteln. Öl in einer Pfanne oder im Wok stark erhitzen. Knoblauch, Ingwer und Fleischwürfel darin bei starker Hitze unter ständigem Rühren ca. 5 Min. scharf anbraten, Hitze reduzieren, Tongku- und Austernpilze, Frühlingszwiebel, Austern- und Fischsauce sowie eine Prise Zucker dazugeben und ca. 2 Min. bei mittlerer Hitze garen lassen. Einige Peperonistreifen dazugeben, heiß werden lassen. Reiswein unterrühren. Das Gericht mit den restlichen Peperonistreifen garnieren und heiß servieren.

Austernpilze werden zu Recht auch Kalbfleischpilze genannt, weil sie im Geschmack und »Biß» daran erinnern. In Form und Farbe sind sie austernähnlich. Die aromatischen, vielseitig verwendbaren Pilze besitzen viel Eiweiß, Vitamin D und wertvolle Mineralstoffe und sind somit ein empfehlenswerter, stärkender Beitrag zum Liebesmahl.

Gaumenlust in Rot
Lammkoteletts auf Tamarillosauce

Zutaten (für 2 Pers.)
300 g Lammrückenfilet
1 kleine Zwiebel
15 g Butter
Salz, schwarzer Pfeffer
3 Tamarillos
200 ml trockener Weißwein
1 TL grüner Pfeffer

Fleisch waschen, trockentupfen, Zwiebel schälen und würfeln. Butter erhitzen, das Fleisch darin von allen Seiten 8–10 Min. braten. Herausnehmen, salzen, pfeffern, in Alufolie wickeln und warm stellen. Zwiebelwürfel im Bratfett glasig dünsten. 2 Tamarillos schälen, würfeln, mit den Zwiebelwürfeln andünsten. Wein zufügen, 10 Min. köcheln lassen. Die übrige Tamarillo schälen und in Scheiben schneiden. Die Sauce passieren, mit dem grünen Pfeffer aufkochen und die Tamarilloscheiben darin erwärmen. Das Lammfilet in Scheiben schneiden, mit der Sauce anrichten.

Beilage: Reis in Salzwasser mit Gewürznelken und Kardamom gekocht, vermischt mit frischen Datteln.

Weil die tropische, leuchtendrote Tamarillo auf baumartigen Sträuchern wächst und in Farbe wie Geschmack an Tomaten erinnert, heißt sie auch »Baumtomate«. Die eiförmigen Früchte schmecken jedoch süßer. Sie gehören zum Obst und sind optisch wie durch ihren Vitamingehalt eine ideale Zutat in der Liebesküche.

Lorbeerblätter sind eine anregende und aromatische Liebeswürze. Um ihre Wirkung voll entfalten zu können, müssen sie während des gesamten Garvorgangs mitgekocht werden.

Wild und würzig
Ragoût mit Lamm

Zutaten (für 3 Pers.)
3/4 kg schieres Lammfleisch (aus der Schulter)
3 TL Öl
125 g Zwiebeln
10 g Butter
1/2 TL Mehl
Salz, frisch gemahlener Pfeffer
1 TL provencalische Kräutermischung
1 Lorbeerblatt
1/4 l Brühe (Instant)
1/8 l Rotwein
1 TL Kokosraspeln

Fleisch in große Würfel schneiden. Im heißen Öl portionsweise scharf anbraten. Geschälte Zwiebel würfeln. In zerlassener Butter glasig dünsten und anschließend zum Fleisch geben. Mit Mehl überstäuben. Salz, Pfeffer, Kräuter, Lorbeerblatt und Brühe dazugeben. Einmal aufkochen lassen. Im geschlossenen Topf 40 Min. schmoren. Dann Rotwein und Kokosraspeln zum Fleisch geben, und ca. 20 Min. im offenen Topf fertigschmoren.

Beilage: Frisches Baguette und Rotwein.

Rosmarin belebt die Sinne – nicht nur bei Tisch, auch als Badezusatz regt sein Duft zu lustvollen Phantasien an. Das darin enthaltene ätherische Öl wirkt nervenstärkend und belebend. Es fördert überdies die Durchblutung der Haut und steigert so ihre Sensibilierung. Nicht umsonst lautet der Name der hocharomatischen Pflanze übersetzt »Meerestau«.

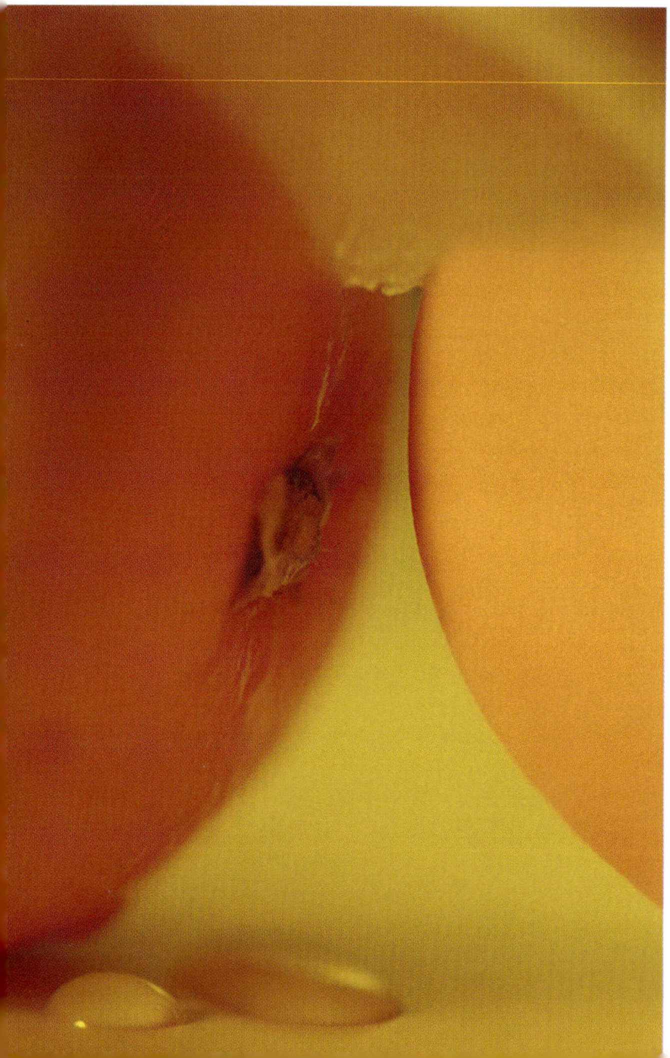

Beinahe so gut wie ein Urlaubsflirt

Lammkoteletts mit Artischocken und Oliven

Zutaten (für 2 Pers.)
Saft von 1/2 Orange
etwas Zitronensaft
1 Knoblauchzehe
Salz, Pfeffer
Kreuzkümmel, Rosmarin
4 Lammkoteletts
1 Fleischtomate
1/2 Zwiebel
2 EL Olivenöl
30 g Oliven
1 kleine Dose Artischockenherzen
75 g Cocktailtomaten

Zitronen- und Orangensaft mit Knoblauch und je einer Prise Pfeffer, Kreuzkümmel und Rosmarin gut verrühren. Koteletts damit marinieren. Fleischtomate kreuzweise einritzen, blanchieren, schälen und in Würfel schneiden. Zwiebel fein hacken und in 1 EL Öl andünsten, Tomatenwürfel zugeben und alles 10 Min. schmoren. Mit Salz, Pfeffer und Kreuzkümmel würzen. Die Oliven kleinschneiden und mit den Artischockenherzen zur Tomate rühren, das Ganze weitere 10 Min. schmoren. Inzwischen die Koteletts im restlichen Olivenöl beidseitig 6 Min. braten. Leicht salzen. Die verbliebene Marinade in die Sauce rühren, gehäutete Cocktailtomaten dazugeben und kurz erwärmen.

Gepfefferte Fleischeslust
Liebessteaks

Zutaten (für 2 Pers.)
2 Steaks vom Rindslungenbraten (Filet; à 180 g)
Salz, frisch gemahlener Pfeffer
2 EL Öl
Schuß Cognac
1/8 l brauner Fond oder Suppe
2–3 EL Schlagsahne
1 EL grüner Pfeffer
10 g eiskalte Butter

Die Steaks beidseitig salzen und pfeffern. Das Öl in einer Pfanne erhitzen, und das Fleisch darin anbraten. Nach ca. 2–3 Min. wenden und je nach gewünschtem Garungsgrad (roh, medium oder durch) fertigbraten. Danach die Steaks aus der Pfanne nehmen. Überschüssiges Fett abgießen, den Bratensatz mit Cognac löschen und mit Fond oder Suppe aufkochen. Die Schlagsahne beigeben. Nicht zugedeckt einkochen und abseihen. Gut abgeschwemmten grünen Pfeffer hinzufügen. In die kochende Sauce die kalten Butterstücke einrühren. Die Steaks mit der Sauce überziehen.

Ein kurz angebratenes, blutiges Steak stellt eine ideale Nachhilfe in Sachen Liebeskraft dar, wirksam ergänzt wird es durch eine anfeuernde Portion Pfeffer!

Zarte Versuchung
Rosige Lenden von der Schweinsjungfer

Zutaten (für 2 Pers.)
300 g Schweinsjungfer (Lungenbraten)
Salz
Öl zum Braten
1 Schuß trockener Sherry
1/10 l Schlagsahne
frischer Estragon

Schweinsjungfer pro Portion salzen und rasch in heißem Öl rosé braten. Den Saftrückstand in der Pfanne mit Sherry ablöschen, mit halbgeschlagener Sahne aufgießen, einkochen, Estragonblätter hineingeben. Die Sauce auf die Teller geben und das Fleisch hineinlegen.

Beilagen: Zu diesem feinen Gericht passen »Pommes brioche d'amour« und ein Lauchsalat (Seiten 94 und 93).

Nicht nur in Kräutern, Obst und Gemüse, auch im Fleisch sind zahlreiche wichtige Vitamine »versteckt«, darunter der Vitamin-B-Komplex, der für Streßabbau, Liebesfähigkeit und jugendliche Frische sorgt. So ist Schweinefleisch u.a. ein wichtiger B_1(Thiamin)-Lieferant, außerdem enthält es viel Eisen, das vom menschlichen Organismus relativ gut verwertet wird. Rindfleisch enthält viel Vitamin B_{12} (Cobalamin, für Wachstum und Blutbildung zuständig) sowie das Allround-Vitamin Panthothensäure (wirkt u.a. straßabbauend). Kalbfleisch steuert v.a. Vitamin D bei.

Schön saftig
Schweinsnüßchen mit Pflaumen

Zutaten (für 2 Pers.)
360 g Schweinefleisch (Nuß)
100 g Dörrpflaumen ohne Kern
Jodsalz, Pfeffer aus der Mühle
1 TL Butterschmalz
200 g Wurzelgemüse
(Zwiebeln, Möhren, Lauch, Sellerie)
2 Lorbeerblätter
2 Nelken, einige Pfefferkörner
1 Knoblauchzehe
1/2 l Fleisch- oder Gemüsebrühe
2 EL Pflaumenmus

Das Schweinefleisch kalt abbrausen, trockentupfen, mit einem Messer einstechen und mit halbierten Pflaumen spicken. Mit Jodsalz und Pfeffer würzen. Butterschmalz erhitzen, Fleisch einlegen und von allen Seiten anbraten. Wurzelgemüse waschen, putzen, kleinschneiden, dazugeben und mit anbraten. Lorbeerblätter, Nelken und Pfefferkörner dazugeben. Knoblauch pressen und zum Braten geben. Mit der Brühe aufgießen und aufkochen lassen. Die restlichen Pflaumen und das Pflaumenmus unterrühren und den Braten im vorgeheizten Backofen bei 180° C 30–35 Min. garen. Ab und zu wenden und mit dem Bratensaft übergießen. Den Braten in Scheiben schneiden und anrichten. Die Sauce abschmecken und über den Braten gießen.

Tip: Spicken Sie das Fleisch mit den Pflaumen so, daß auch in der Mitte des Bratens eine Pflaume ist. Das macht sich beim Aufschneiden sehr schön!

Beilage: Muskatnnudeln (Seite 96).

Manche mögen's heiß

Gebratenes Schweinefleisch mit Chili

Zutaten (für 2 Pers.)
400 g Schweinefleisch
1 1/2 EL Speisestärke
1 1/2 TL Sesamöl
Salz, frisch gemahlener Pfeffer
12 rote getrocknete Chilischoten
(weniger Feurige nehmen nur 3–4 Stück)
6 EL Öl
2 gehackte Knoblauchzehen
2 Scheiben frischer Ingwer (1/2 cm dick)
2 Sternanis, 8 Pfefferkörner
1/5 l Hühnerbrühe (Instant)
1 TL Worcestershiresauce
1/2 TL Zucker
ev. 1 EL trockenes Sherry
1–2 Bund Frühlingszwiebeln

Das Fleisch in 2 cm große Stücke schneiden und mit 1 EL Speisestärke, 1 EL Sesamöl, Salz und Pfeffer vermischen. Chilis entkernen (danach Hände gut waschen oder Gummihandschuhe benutzen). Öl in einer Pfanne erhitzen, und das Fleisch unter Wenden braun braten. Aus der Pfanne nehmen, im Bratfett den Großteil der Chilis knusprig braten und ebenfalls herausnehmen. Gut abtropfen lassen. Das Öl bis auf 2 EL abgießen. Knoblauch, Ingwer, Sternanis und zerdrückte Pfefferkörner in die Pfanne geben und braten, bis der Knoblauch braun ist. Hühnerbrühe, Worcestershiresauce, Zucker und restliches Sesamöl in die Pfanne geben. Fleisch zufügen und noch 5 Min. schmoren. Restliche Speisestärke mit 2 EL Wasser verrühren und das Gericht damit andicken. Restliche Chilis unterrühren. Ev. mit Sherry abschmecken. Frühlingszwiebeln in schräge Ringe schneiden. Fleisch auf einer Platte anrichten und rundum mit frischen Frühlingszwiebelringen garnieren.

Beilage: Safranreis (Seite 94).

Sex-Kost aus Asien

Schwarze Nudeln mit Lotos und Ginseng

Zutaten (für 2 Pers.)
300 g Austernpilze
1 kleines Stück frischer Ingwer
1 Knoblauchzehe
Salz
200 g schwarze Nudeln
3 TL Sesamöl
1 EL Sojaöl
2 EL helle Sojasauce
1 EL Reisessig
4–6 Scheiben Lotoswurzel (aus dem Asienladen)
etwas Ginsengwurzel

Die Austernpilze putzen, abbrausen und in schmale Streifen schneiden. Ingwer und Knoblauch schälen und fein hacken. Die Nudeln nach Packungsanweisung in Salzwasser kochen.
In einem Wok (oder einer Pfanne) Sesam- und Sojaöl erhitzen. Die Austernpilze darin kräftig anbraten. Ingwer und Knoblauch untermischen und mit Sojasauce und Reisessig würzen. Lotoswürzeln und Ginseng beifügen und weitere 10 Min. garen. Abschmecken und zusammen mit den Nudeln servieren.

Die Lotosblume hat – ähnlich wie die Rose bei uns oder der Granatapfel im alten Griechenland – in vielen Kulturen starke erotische Symbolkraft. So galt sie im alten Ägypten als Symbol der Weltschöpfung, der heiligen Ehe und Fruchtbarkeit sowie als weibliches Sexual- und Schönheitssymbol, ebenso in Indien, wo der Lotos eine besonders mythische Blume ist. Ihre frischen Keimblätter werden in Asien zur Anregung der Blutzirkulation und zur Stärkung der Manneskraft eingesetzt. Auch ihre Wurzeln gelten als aphrodisisch.

Feuer & Flamme
Glücks-Fondue

Zutaten (für 2–3 Pers.)
125 g Broccoli
125 g Karfiol (Blumenkohl)
250 g Spargel
2 kleine Fenchelknollen
75 g junge Austernpilze
100 g Tofu
1/2 l milde Gemüsesuppe

Für die würzige Sauce:
2 Eier
1 EL Estragonessig
2 1/2 EL Kürbiskernöl
1/2 TL Honig
Salz, Pfeffer
1 Tomate
1 kleine Gewürzgurke
1/2 Bund gemischte Kräuter
ev. ein Schuß Weißwein

Broccoli und Karfiol in Röschen teilen, in kochendem Wasser 3 Min. blanchieren und abschrecken. Restliches Gemüse und Tofu in kleine Stücke schneiden und dekorativ auf Platten anrichten. Für die Sauce die Eier hart kochen. Aus Essig, Öl, Honig, Pfeffer und Salz eine würzige Vinaigrette rühren. Die Tomate halbieren, entkernen und sehr fein würfeln. Die Gewürzgurke fein hacken. Die Eier abschrecken, schälen und 3 Hälften davon klein hacken. Die Kräuter waschen, fein hacken und mit der Tomate und den Eiern in die Sauce rühren. Ev. mit einem Schuß Weißwein verfeinern. Die Gemüsesuppe in einem Topf erhitzen, einen Teil davon in den Fonduetopf gießen und auf dem Rechaud heiß halten. Gemüse, Pilze und Tofu bei Tisch portionsweise in der Suppe garen. Dann in die würzige Sauce dippen.

Tip: Natürlich läßt sich die Gemüseplatte auch (aphrodisisch) erweitern: Möhren, Staudensellerie, Paprikaschoten, Champignons, Shiitake-Pilze, Mungobohnensprossen, Chinakohl, Mangoldblätter oder schlanke Frühlingszwiebeln geben dem Gemüse-Fondue ein zusätzliches fernöstliches Flair; das Gemüse kann man außerdem mit Fleisch, Fisch oder Meeresfrüchten ergänzen, die ebenfalls bei Tisch in der kochenden Brühe gegart werden. Das Fondue ist übrigens ein idealer Weg, einander näher zu kommen. Damit Sie sich alle Zeit der Welt nehmen können, sollten Sie ausreichend Brennmaterial zum Nachfüllen des Rechaudbrenners im Haus haben.

»Tragt auf einer gewärmten Schüssel auf, bringt den besten Wein herbei, von dem man gehörig trinkt, und ihr werdet Wunderdinge erleben.«
(Brillat-Savarin über das Fondue)

Stärkend
Austernpilz-Quiche

Zutaten (für 2 Pers.)
Für den Teig:
300 g Mehl
1 Ei, 125 g Butter, Salz
1–2 EL Sauerrahm

Für den Belag:
400 g Austernpilze, 10 g Butter
1 EL gezupfte Petersilienblättchen
100 g TK-Erbsen
2 Eier, 1 Becher Crème fraîche (75 g)
50 g geriebener Gouda, Salz, Pfeffer
50 g Frühstücksspeck (Bacon)

Aus Mehl, Ei, Butter, Salz, Rahm einen Teig kneten. 1–2 Stunden kühl stellen. Flache Backform (28 cm Durchmesser) mit ausgerolltem Teig auslegen. Teigränder gut andrücken. Boden mehrmals mit der Gabel einstechen. Im 200° C vorgeheizten Backrohr 10–15 Min. vorbacken. Austernpilze mit Küchenkrepp abreiben, der Länge nach vierteln. In Butter 2–3 Min. mit Petersilie dünsten. Abkühlen lassen. Quicheboden damit belegen. Aufgetaute Erbsen darüber streuen. Eier mit Crème fraîche und 1 EL Wasser verquirlen. Käse darunterrühren, salzen und pfeffern, über die Pilze gießen. Jede Baconscheibe in 5–6 Stücke schneiden, auf der Quiche verteilen. Im vorgeheizten Ofen bei 200° C ca. 25 Min. backen.

Beilage: Wildsalat (Seite 92).

Aromatisches Liebesgemüse
Gratinierter Fenchel

Zutaten (für 2 Pers.)
2 Fenchelknollen
Salz, Pfeffer
1 EL Zitronensaft
2 Tomaten (300 g)
75 g Zucchini
2 Scheiben Vollkornzwieback
1/2 Bund Petersilie
75 g Maasdamer Käse
1/16 l Gemüsesuppe und
1 Messerspitze gekörnte Brühe

Fenchelknollen putzen, waschen und halbieren. Ca. 25 Min. in etwas Salzwasser mit Zitronensaft garen. Fenchel herausnehmen. Brühe beiseite stellen. Fenchelhälften aushöhlen, das Innere feinhacken. Die Tomaten und Zucchini würfeln und mit zerbröseltem Zwieback mischen. Mit Salz, Pfeffer und gehackter Petersilie würzen. Den Käse würfeln und beifügen. Alles in die Fenchelhälften füllen. In eine hitzebeständige Form setzen. Die Gemüsesuppe mit gekörnter Brühe verrühren, in die Form gießen. Im vorgeheizten Backofen bei 200° C ca. 20–25 Min. backen.

Tip: Bei großem Liebeshunger verdoppelten Sie die Zutatenmenge für dieses vegetarische Gericht.

Ideal für die – fleischlose – erotische Küche

Aphrodisische Pasta-Saucen

reichlich bemessen

Würziges Sugo mit Sardellen, Peperoncino und schwarzen Oliven

Zutaten
1 Knoblauchzehe
1/10 l Olivenöl
100 g Sardellenfilets
1 Peperoncino (scharfer Peperoni)
500 g Tomaten (oder 1 Dose geschälte Tomaten)
100 g schwarze Oliven
50 g Kapern
1 Bund Petersilie
Salz

Knoblauchzehe vierteln und im heißen Öl andünsten. Abgetropfte Sardellen und zerkleinerten Peperoncino zufügen und gut durchdünsten, bis die Sardellen zerfallen. Tomaten, entkernte Oliven und Kapern dazugeben und weiterköcheln. Kurz bevor die Pasta al dente ist, gehackte Petersilienblättchen ins Sugo einrühren und mit Salz würzen.

Eine alte griechische Sage erzählt von der Jungfrau Kyltie, die sich in den Regen- und Sonnengott Zeus, Vater aller Götter, verliebte. Zeus verweigerte sich ihr, worauf Kyltie in tiefe Melancholie fiel: Regungslos saß sie auf einer Wiese und sah verträumt dem Gang des Sonnengottes am Himmel nach, was diesem offenbar so sehr schmeichelte, daß er die unglücklich Verliebte in eine Sonnenblume verwandelte, die dafür bekannt ist, daß sie ihren Blütenkopf stets nach der Sonne dreht.

Pesto mit Spinat und Ziegenkäse

Zutaten
100 g Blattspinat
70 g Basilikum
2 EL Zitronensaft
1/2 Knoblauchzehe
10 EL Sonnenblumenöl
je 2 TL Oliven- und Limonenöl
25 g Ziegenfrischkäse
Sonnenblumenkerne zum Bestreuen

Spinat- und Basilikumblätter mit Zitronensaft, Knoblauch, 5 EL Sonnenblumenöl, je 1 TL Oliven- und Limonenöl im Mixer pürieren. Abschmecken und nochmals die gleiche Menge Öl zufügen. Durchpassieren und den Ziegenfrischkäse untermixen – er macht diesen Pesto schön cremig.

Kürbiskernpesto

Zutaten
60 g Kürbiskerne
60 g Kürbiskernöl
3 TL Peccorino oder Schafkäse
frische gehackte Basilikumblätter
Salz, frisch gemahlener Pfeffer
1 Knoblauchzehe

Kürbiskerne, Öl, Käse, Basilikum, Salz und Pfeffer im Mixer pürieren oder im Mörser zerstoßen. Zum Schluß den Knoblauch zufügen.

Kürbiskerne gelten als bewährtes Vorbeugemittel gegen männliche Impotenz und Prostataerkrankungen. Wer die wertvollen Nährstoffe der Potenzsamen optimal erhalten will, sollte ungeröstete Kerne vorziehen, da Hitze die Wirkkraft vermindert. Dies gilt auch für Sonnenblumenkerne.

Pesto alla genovese

Zutaten
200 g Basilikum
200 g Parmesan
10 Knoblauchzehen
200 g Pinienkerne
1/4 l kaltgepreßtes Olivenöl

Grob gehackte Basilikumblättchen, Parmesankäse, Knoblauch und Pinienkerne mit 2/3 des Olivenöls im Mixer oder Blitzhacker zerkleinern (oder feingeschnittenes Basilikum mit Käse, Knoblauch und Pinienkernen im Mörser zerstoßen, vermischen, Öl nach und nach zugeben). Pesto in ein heiß ausgespültes Glas füllen. So viel Olivenöl zugießen, daß der Pesto bedeckt ist. Glas verschließen. Hält sich im Kühlschrank bis zu 6 Wochen.

Tip: Der Pesto wird kalt serviert; er schmilzt auf den heißen Nudeln!

Kalte Walnuß-Sauce

Zutaten
3 Scheiben Weißbrot oder Toastbrot ohne Rinde
1/8 l Brühe (Instant)
100 g Walnüsse
1 Bund frischer Majoran
1 Becher Schlagsahne (200 g)
2 EL Weinbrand (oder Traubensaft)
Salz, frisch gemahlener Pfeffer

Frische Majoranblätter helfen angeblich gegen Liebeskummer. Außerdem sollen sie selbst den Schüchternsten auf die Sprünge helfen.

Weißbrot würfeln und in der Brühe einweichen. Walnüsse im Blitzhacker fein mahlen. Majoranblätter abzupfen. Alle Zutaten im Mixer pürieren. Mit Salz und Pfeffer abschmecken.

Aufregende Begleitung

Möhrensalat mit Minze

Zutaten (für 2 Pers.)
4–5 frische Möhren
1/2 kleine Sellerieknolle
1 kleine Zwiebel
3 Walnüsse
30 g entkernte Oliven
Olivenöl
Essig
Salz, Pfeffer
ev. Prise Zucker
einige frische Minzeblätter

Die Möhren raspeln und in eine Salatschüssel geben. Sellerie putzen, raspeln und dazugeben. Zwiebel, Nüsse und Oliven fein hacken und beifügen. Essig, Öl, Salz, Pfeffer und ev. eine Prise Zucker verrühren, am Schluß die kleingehackten Minzeblätter dazugeben und mit der Sauce den Salat anmachen.

Champignons stärken mit ihrem Gehalt an Vitamin E und C und den Mineralstoffen Kalium, Calcium und Phosphor Nerven, Herz, Blutgefäße, die Hormonbildung und die allgemeine Vitalität.

Salat mit lauwarmen Champignons

Zutaten (für 2 Pers.)
1 Chicorée
1/4 Endiviensalat
200 g rosa Champignons
40 g Frühstücksspeck (Bacon)
2 EL Olivenöl
Salz, frisch gemahlener Pfeffer
3 TL Balsamico-Essig

Den Chicorée putzen und abspülen. Die einzelnen Blätter ablösen und in Streifen schneiden. Den bitteren Strunk wegwerfen. Den Endiviensalat putzen, waschen und trocknen. Die Blätter in grobe Stücke teilen und zum Chicorée geben. Die Champignons reinigen und in dünne Scheiben schneiden (geht gut mit einem Eierschneider). Den Speck quer in ca. 1 cm dicke Streifen schneiden und in einer großen Pfanne in 1 EL Olivenöl knusprig braten. Herausnehmen, und danach die Champignons bei großer Hitze braten, bis die Flüssigkeit verdampft ist. Salzen und pfeffern. Die Pilze aus der Pfanne nehmen. Den Bratensatz mit dem Balsamico-Essig und 3 TL Wasser lösen, und das restliche Olivenöl unterrühren. Ev. mit Salz und Pfeffer abschmecken. Salat, Speck und Champignons vermengen und den Bratensaft darübergeben.

Tip: Champignions saugen sich leicht mit Wasser voll, daher zum Reinigen besser nicht abspülen, sondern mit Küchenpapier abreiben oder mit einem Pinsel säubern.

Kartoffelsalat mit Basilikum und Ruccola

Zutaten (für 3 Pers.)
3/4 kg festkochende Kartoffeln
50 g getrocknete Tomaten
1/4l Brühe
4–5 EL Weißweinessig
1 TL Senf
Salz, Pfeffer
15 g Pinienkerne
1/2 Bund Basilikum
50 g Ruccola (Rauke)
2 EL Olivenöl

Kartoffeln waschen und mit der Schale in Wasser ca. 20 Min. garen. Tomaten in 200 ml Wasser 15 Min. köcheln, abtropfen lassen und klein schneiden. Kartoffeln abgießen, schälen und in Scheiben schneiden. Kartoffeln und Tomaten mischen. Brühe, Essig, Senf und Gewürze verrühren. über die Kartoffel-Tomaten-Mischung geben, mind. 1 Stunde durchziehen lassen. Pinienkerne in einer Pfanne ohne Fett rösten. Kurz vor dem Servieren Basilikum und Ruccola waschen, trockentupfen. Basilikum fein schneiden. Ruccola leicht zerzupfen. Basilikum und Öl zum Kartoffelsalat geben. Abschmecken und Ruccola unterheben. Mit Pinienkernen bestreuen.

»Betrachten Sie bitte diese außergewöhnliche Kartoffel«, sagt der Vegetarier und Gemüsehändler Greff in Die Blechtrommel *von Günter Grass. »Dieses schwellende, strotzende, immer wieder neue Formen erdenkende und dennoch so keusche Fruchtfleisch.«*

»Der Samen der Gartenkresse macht lustig und begierlich zur Unkeuschheit.«

Wildsalat

Zutaten (für 2 Pers.)
Soweit erhältlich Löwenzahn, Sauerampfer, Huflattich, Brennessel, Kresse, Spitzwegerich (oder eine Mischung mit Feldsalat, Ruccola, Basilikum, Alfalfa- oder Sojabohnensprossen u.a., die man leichter bekommt)

Für die Sauce:
2–3 EL Gemüsebrühe
1 Schalotte
1 TL körniger Dijon-Senf
1 EL Mayonnaise
1 EL Balsamico-Essig
1/2 TL Zuckerrübensirup oder Honig
Salz, frisch gemahlener Pfeffer
1 hartgekochtes Ei
etwas Borretsch und Kresse

Salate waschen, trocknen und zu gleichen Teilen mischen. Für die Sauce die Gemüsebrühe aufkochen und abkühlen lassen. Die Schalotte abziehen und fein hacken. Brühe, Schalotte, Senf, Mayonnaise, Essig und Sirup (Honig) verrühren. Mit Salz und Pfeffer abschmecken. Das harte Ei schälen, klein hacken und hinzufügen. Die Sauce über den Salat geben und mit Borretsch und Kresse bestreuen.

Tip: Ein paar sehr kleine Cocktailtomaten eignen sich wunderbar als Farbtupfer. Hübsch machen sich auch Borretschblüten als Garnierung bzw. als Tischschmuck!

Lauchsalat mit Radieschen

Zutaten (für 2 Pers.)
100 g Lauch (Porree)
3 Radieschen
1/2 Pkt. Kresse
etwas Zitronensaft
Spritzer Balsamico-Essig
2 EL Sauerrahm
1 TL Sesamöl

Lauch und Radieschen in dünne Scheiben schneiden, mit der Kresse vermengen und leicht salzen. Aus Zitronensaft, Essig, Sesamöl und Sauerrahm eine Marinade bereiten, würzen und zum Salat geben.
Mit Kresseblättchen garnieren.

Fritierte Salbeiblätter

Zutaten (für 2 Pers.)
15 g große Salbeiblätter
60 g Mehl
Salz
15 ml Öl
1 Eiweiß
1/10 l warmes Wasser
Öl zum Fritieren

Mehl mit Salz, Öl und Wasser verrühren und den Teig 1 Stunde ruhen lassen, Dann das Eiweiß steif schlagen und unterrühren. Jeweils 1 Salbeiblatt in die Masse tauchen und 2–3 Min. in heißem Öl fritieren. Abtropfen lassen und sofort servieren.

Karamel-Zwiebeln

Zutaten (für 2 Pers.)
1 Bund weiße Zwiebeln
(4 Stück; ersatzweise normale Speisezwiebeln)
3 TL Öl
Salz
1/4 Tasse Wasser
1 EL Weinessig
1/2 TL Zucker

Zwiebeln putzen und das Grün abschneiden. Öl in einem flachen Topf erhitzen, und die Zwiebeln nebeneinander hineinlegen, leicht salzen und unter Wenden leicht bräunen. Wasser, Essig und Zucker dazugeben. Aufkochen lassen und bei kleiner Hitze so lange weiterkochen, bis die Flüssigkeit fast eingekocht ist. Abkühlen lassen.

Die Zwiebel war im alten Ägypten ein wichtiges erotisches Symbol und ein Zeichen der Zeugung, des Lebens und der Unsterblichkeit. Wegen ihrer vielen Häute galt sie als Symbol des vielgestaltigen Mondes und war deshalb der Mondgöttin Isis geweiht. Zugleich war die Zwiebel Sinnbild der Perioden der Frau und der Vulva. Man sprach ihr eine sexuell erregende Wirkung zu und betrachtete sie als Aphrodisiakum, weshalb sie den Priestern und Eingeweihten der Isis verboten war.
Sie galt außerdem als Kraftmittel: Die Sklavenheere, die beim Pyramidenbau arbeiteten, erhielten täglich einen Zwiebel-Vitaminstoß. Die Römer nannten die Zwiebel **salax** *(»geil«), und bei hartnäckiger Impotenz hieß es: »Bulbus nihil profuerit« – Selbst Zwiebeln werden da nicht mehr helfen!*

Spargel mit Kräutern

Zutaten (2 Pers.)
400 g Spargel
35 g Butter
eine kleine Lauchstange (kleingeschnitten)
je 1 TL frischer Estragon und Borretsch, beides kleingehackt
1 EL Mehl
Salz, Pfeffer
5 EL Sahne
1 Ei

Den Spargel schälen und abkochen. Von dem Kochwasser etwa 1 dl aufbewahren. Den Herd auf 200° C vorheizen. Inzwischen die Hälfte der Butter mit dem Lauch in einen Topf geben und bei niedriger Hitze auf dem Herd ca. 5 Min. zugedeckt dünsten. Das Mehl hinzugeben und weitere 3 Min. köcheln lassen. In einem anderen Topf das Spargelwasser erwärmen und zum Lauch geben, so daß eine sämige Sauce entsteht. Mit Salz und Pfeffer abschmecken und vom Herd nehmen. Dann die Kräuter hinzufügen, die Sahne zugießen und das Ei hineinrühren. Den Spargel in eine eingefettete Auflaufform legen und mit der Kräutersauce übergießen. Auf das Ganze noch ein paar Butterflocken geben und die Form für ca. 10 Min. in den heißen Backofen stellen.

Safranreis

Zutaten (für 3–4 Pers.)
150 g Basmatireis
50 g Schalotten
1 TL Safranfäden
1 TL Milch
25 g Butter
Salz
1/2 Granatapfel (Kerne auslösen)

Den Reis in kaltem Wasser waschen, bis das Wasser klar ist. Abtropfen lassen. Schalotten schälen und sehr fein würfeln. Safran in Milch einweichen. Butter in einem Topf erhitzen, Schalotten darin glasig andünsten. Reis dazugeben und ebenfalls kurz andünsten. 225 ml Wasser, Salz und Safran einrühren. Den Reis zum Kochen bringen, kurz durchrühren und den Topf mit einem Deckel verschließen. Die Hitze ausschalten, und den Reis bei geschlossenem Deckel ca. 20 Min. ausquellen lassen. Vor dem Servieren mit Granatapfelkernen bestreuen.

Pommes brioche d'amour

Zutaten (für 2 Pers.)
Krokettenmasse (Fertigmasse)
1 Ei

Aus der Krokettenmasse mit dem Dressiersack kleine Krapfen oder sonstige Formen auf ein gefettetes Blech dressieren, mit verschlagenem Ei bestreichen und im heißen Rohr backen.

Wer etwas Besonderes servieren will, kann aus der Masse 6 kleine Äpfel als Liebessymbole formen, als Stiel ein Spaghettistück und am Boden eine Gewürznelke einfügen, alles auf Trennpapier setzen, mit Ei bestreichen und auf dem Backblech im Rohr knusprig braun backen.

Karfiolmousse mit gerösteten Kürbiskernen

Zutaten (für 2 Pers.)
1/4 kg Blumenkohl
(Karfiol; geputzt gewogen)
1/16 l Sauerrahm
1/16 l Schlagsahne
3 Blatt Gelatine
1 EL Kürbiskerne
Salz, Pfeffer
Muskatnuß

2 Förmchen mit kaltem Wasser ausspülen und kalt stellen. Karfiol in Röschen zerteilen, in Salzwasser weichkochen, abseihen und abtropfen lassen. Mit Sauerrahm vermischen und mit einem Mixstab fein pürieren. Mit Salz, Pfeffer und wenig abgeriebener Muskatnuß würzen. Die Sahne steif schlagen und kalt stellen. Gelatineblätter in kaltem Wasser einweichen. Etwas von der Karfiolmasse über Wasserdampf erwärmen. Gelatine ausdrücken, in der warmen Masse auflösen, restliche Masse einrühren, die geschlagene Sahne vorsichtig unterheben. Die Karfiolcreme in die Förmchen füllen, mit Frischhaltefolie zudecken und in den Kühlschrank stellen (mind. 3 Stunden). Inzwischen die Kürbiskerne grob hacken und in einer Pfanne ohne Fett rösten, auf einem Teller auskühlen lassen. Schließlich die Förmchen abdecken, kurz in heißes Wasser tauchen und das fest gewordene Mousse auf die Teller stürzen. Mit Kürbiskernen bestreuen.

Tip: Dazu paßt eine Kernölsauce aus 1/2 Becher Crème fraîche, 3 TL Kürbiskernöl, 2 EL klarer Suppe, Salz und Pfeffer.

Setzen Sie dem Kochwasser einige Tropfen Zitronensaft zu, dann bleibt der Karfiol schön weiß. Übrigens: er enthält fast 5 % wertvolles Pflanzeneiweiß und viel stärkendes Vitamin C.

Tandoori-Gemüse

Zutaten (für 2 Pers.)
1/2 kleiner Blumenkohl (Karfiol)
250 g Broccoli
1/2 l Gemüsebrühe
2 Zwiebeln
1 Knoblauchzehe
ca. 1 EL Tandooripaste (rote Würzpaste aus dem Glas, erhältlich im Asienladen)
1 TL Speisestärke
1/4 Bund Koriander oder Petersilie

Karfiol und Broccoli putzen, waschen und in Röschen teilen. Nacheinander in der Gemüsebrühe jeweils 2 Min. vorgaren und auf ein Sieb geben. Zwiebeln abziehen und in Achtel schneiden. Knoblauch abziehen und hacken. Gemüsebrühe, Tandooripaste, Zwiebeln und Knoblauch aufkochen. Karfiol und Broccoli dazugeben. Im geschlossenen Topf 2 Min. garen. Speisestärke mit 2 EL kaltem Wasser verrühren und in die kochende Flüssigkeit einrühren. Einmal aufkochen lassen, bis die Sauce andickt. Ev. mit Salz nachwürzen. Mit Korianderblättchen bestreuen.

Essen Sie bei Broccoli die Stiele mit, da sie viel Chlorophyll und Selen enthalten und belebende Wirkung haben.

Tip: Die Tandooripaste können Sie auch selbst herstellen: 1 kleine rote Chilischote und 1 Knoblauchzehe fein hacken. Mit jeweils 1 TL Senfpulver und gemahlenem Kreuzkümmel verrühren. 1/2 TL rote Speisefarbe, 2 EL Gemüsebrühe und 1 EL Öl unterrühren. Mit Reis oder Fladenbrot und Joghurt wird – ev. bei doppelter Menge – aus diesem herrlich roten Gericht eine vegetarische Hauptmahlzeit.

Schwammerlsauce auf Mascarino

Zutaten (für 2 Pers.)
300 g Schwammerln
(z.B. Austernpilze, Pfifferlinge)
2 Schalotten
1 TL Butter
9 TL Mascarino
3 TL geschlagene Sahne
Petersilie
Salz, Pfeffer

Schwammerln waschen, in Salzwasser kurz überkochen, abtropfen lassen. Schalotten klein hacken, in Butter anschwitzen (nicht bräunen), Schwammerln beigeben, gut durchschwenken, mit Salz, Pfeffer und gehackter Petersilie würzen. Mascarino einrühren (Achtung: ab jetzt nicht mehr kochen!). Geschlagene Sahne unterziehen.

Tip: Paßt gut zu Fisch, Wild und allen Grillspeisen. Mit Semmelknödel oder Petersilkartoffeln ergibt die Schwammerlsauce ein Hauptgericht.

Muskatnudeln

Zutaten (für 2 Pers.)
120 g Eiernudeln
1 TL Butter
Salz, Pfeffer
1 Messerspitze geriebene Muskatnuß

Die Eiernudeln in Salzwasser kochen, abgießen und kurz in zerlassener Butter schwenken. Mit Salz und Pfeffer abschmecken, mit geriebener Muskatnuß bestreuen.

Tip: Wer für Luxus etwas übrig hat, kann über die Nudeln noch frische Trüffeln hobeln, um ein erregendes Aroma zu erhalten.

»Halbseidene«

Zutaten (für 2 Pers.)
500 g Kartoffeln
gut 1/8 l Milch
100 g Speisestärke
Salz
1 Semmel
20 g Butter oder Margarine

Kartoffeln waschen. Ungeschält ca. 30 Min. kochen. Danach das Wasser abgießen, und die Kartoffeln mit kaltem Wasser abschrecken. Schälen und noch heiß durch die Kartoffelpresse drücken. Milch in einem Topf aufkochen, zusammen mit der Speisestärke und dem Salz in den Kartoffelteig geben. Zu einem glatten Teig kneten. 15 Min. durchziehen lassen. Inzwischen die Semmel in ca. 1 cm dicke Croûtonwürfel schneiden. Fett in einer Pfanne erhitzen. Würfel darin 10 Min. goldgelb rösten.
Aus dem Kartoffelteig Miniknödel von ca. 6 cm Durchmesser um einige geröstete Croûtons formen (am besten mit nassen Händen). Wasser in einem breiten Topf zum Kochen bringen. Salzen. Knödel vorsichtig hineingleiten und 20 Min. darin sieden lassen. Mit dem Schaumlöffel herausnehmen und anrichten.

Süße Gelüste

DESSERTS

Desserts sind die süße Verführung schlechthin. Mit saftigen, prallen Früchten garniert oder serviert als duftiger Traum aus Zimt, Vanille und Schokolade – spätestens jetzt schwebt man auf Wolken. Noch ein Glas Champagner oder etwas Likör, ein Blick, ein Seufzer (hoffentlich nicht aus Völlegefühl!), und alles steht zum Besten. Da zudem die leckersten Desserts bekanntlich nicht gerade Diätspeisen sind, sollte man nach dem Essen ohnehin weder ruhn noch tausend Schritte tun, sondern etwas ganz anderes machen: und zwar ein paar Stunden heißer Liebe – so läßt sich nämlich im Hinblick auf die Kalorienverwertung herrlich das Angenehme mit dem Nützlichen verbinden.

Romantisch
Rosengelee

Zutaten
Rosenblätter von unbehandelten Sträuchern, die stark duften (z.B. Damaszener-Rosen)
250 g Kochäpfel
Gelierzucker

Die gewaschenen Äpfel schneiden, mit Wasser bedeckt kochen, bis sie weich sind. Dann in ein feinmaschiges Sieb füllen und langsam abtropfen lassen (nicht drücken oder pressen, sonst wird der Saft trüb). Den gewonnen Saft abmessen und auf 500 ml Saft 500 g Gelierzucker hinzufügen. Die Blütenblätter in ein Mullsäckchen füllen und dieses zusammen mit dem Apfelsaft und dem Zucker in einen Topf geben. Die Mischung unter ständigem Rühren zum Kochen bringen, bis sich der Zucker aufgelöst hat und alles zu gelieren beginnt. Nun die Rosenblätter entfernen, und das Gelee in saubere, vorgewärmte Dessertschalen füllen. Das erkaltete Gelee mit Rosenblättern und ausgesuchten Blüten krönen.

Tip: Statt Rosen können Sie für dieses Dessert auch die Blüten der Rosengeranien (Pelargonien) verwenden.

Hexenmagie
Gebackene Holunderblüten

Zutaten (für 4 Pers.)
4–6 große, aufgeblühte Holunderblütendolden
1/4 l Milch
2 Eigelb, 2 Eiklar
Salz
200 g Mehl
Backfett
Zucker zum Bestreuen

Milch, Salz und Eigelb versprudeln, Mehl einrühren. Eiklar steif schlagen und den Schnee in die Masse einheben. Hollerblütendolden waschen, grobe Stengel entfernen, in den Backteig tauchen und im heißen Fett herausbacken. Noch warm überzuckern und servieren.

Klein und variantenreich

Liebeskonfekt

Marzipan-Datteln

Zutaten (für 12 Stück)
6 Datteln
35 g Marzipanrohmasse
1 TL Staubzucker
1 TL Maraschino
3 TL geriebene Pistazien

Die Datteln halbieren und entkernen, Marzipan mit Zucker, Maraschino und 2 TL geriebenen Pistazien verkneten. Kugeln formen, daraus Würstchen, und jeweils eine Dattelhälfte damit füllen. Etwas andrücken, mit den restlichen Pistazien bestreuen.

Anis-Küsse

Zutaten (für 12 Stück)
3 Eiweiß
125 g Zucker
1 Messerspitze gemahlener Anis
Prise Nelkenpulver

Für das Baiser das Eiweiß in einer Schüssel mit dem Mixer zu steifem Schnee schlagen. Die Schüssel in einen Topf mit leicht kochendem Wasser stellen. Unter ständigem Weiterschlagen den Zucker einrieseln lassen. Schüssel mit dem Baiser aus dem Wasserbad nehmen, Anis und Nelkenpulver unterrühren. Mit 2 Eßlöffeln Häufchen auf das mit Backpapier ausgelegte Backblech oder auf Oblaten setzen. In den kalten Backofen schieben und auf 150° C schalten. 1 Stunde trocknen lassen.

Im 15. Jh. hießen die Wiener Apotheker »Confectionarii«, da Zuckerwaren als Heilmittel galten: Nüsse und Kerne wurden mit Glasuren überzogen und kamen als »Confect« in den Handel. Die großen Handelshäuser führten jedoch süße Pillen und Konfekt aus Sizilien und den Städten Norditaliens ein und machten den Wiener Apothekern Konkurrenz. Bis sich diese bei Herzog Albrecht V. so sehr beklagten, daß er tatsächlich ein Importverbot über die internationalen Händler verhängte!

Nußkonfekt

Zutaten
1/16 l Schlagsahne
25 g Honig
1/2 Vanilleschote
1 EL Rohrzucker
100 g gemahlene Haselnüsse

Die Sahne mit dem Honig und der Vanilleschote aufkochen lassen. Vom Feuer nehmen, mit der Schote abkühlen lassen. Dann mit den übrigen Zutaten gut vermengen, kühl stellen. Die Schote herausnehmen. Die Masse in verschiedenen Formen verarbeiten.

Liebesmarzipan

Zutaten
125 g fein geriebene Mandeln
100 g fester Honig
1 Vanilleschote

Das Mark der Vanilleschote mit dem Honig vermischen. Mit den Mandeln gut verkneten. Einen Tag stehen lassen und dann in Formen Ihrer Wahl verarbeiten.

Kürbiskonfekt

Zutaten (für ca. 100 g)
100 g Kürbis
3 g frische Ingwerwurzel
3 EL Sirup von Früchten aus der Dose (z.B. Pfirsich)
4 g Gelierpulver (Gelfix)
60 g Zucker
sowie Zucker für die Hülle

Den Kürbis schälen und entkernen. 45 g Fruchfleisch abmessen und in kleine Stücke schneiden. Den Ingwer schälen und in kleine Stücke schneiden. Kürbis und Ingwer im Mixer mit dem Sirup pürieren. Das Gelierpulver mit 5 g Zucker vermengen. Kürbis-Ingwer-Püree in einem Topf zum Kochen bringen, dabei ständig mit dem Schneebesen schlagen. Gelierpulver-Zucker-Mischung dazugeben und erneut aufkochen. Das Püree 1 Minute kochen lassen, die Hälfte des restlichen Zuckers dazugeben, aufkochen und den übrigen Zucker unterrühren. Die Masse kräftig 5 Min. kochen lassen. Dabei ständig mit einem Kochlöffel umrühren, da das Kürbispüree leicht anbrennt. Das gekochte Püree auf ein mit Klarsichtfolie ausgelegtes Blech oder in eine mit Wasser ausgespülte Form geben. Mind. 3 Stunden erkalten lassen. Das Konfekt in Würfel schneiden oder ausstechen und in Zucker wälzen. Kühl lagern. Die Masse hält ungeschnitten etwa 2 Monate. Das fertige Kürbiskonfekt sollte aber innerhalb weniger Tage verbraucht werden.

Tip: Liebeskonfekt sieht besonders lecker aus, wenn es in Konfektpapierförmchen serviert wird. Fertig zum Kaufen und Ergänzen gibt es passend z. B. kandierten Ingwer in Schokolade, kandierte Kirschen und manchmal auch kandierte Veilchen.

Macht unwiderstehlich

Birnen und Feigen in Rotwein

Zutaten (für 2 Pers.)
1 kleine Birne
150 g Zucker
1/2 Bouteille Rotwein (z.B. Barolo oder Bardolino)
1/2 Zimtstange
3 Nelken
3 frische Feigen
1 EL Rum

Die Birnen schälen und halbieren, das Kerngehäuse entfernen. Den Zucker in einem Topf goldbraun karamelisieren lassen und den Wein dazugeben. Die Birnenhälften zum Karamelsud legen, sie sollten knapp bedeckt sein. Zimtstange und Nelken dazugeben und alles bei kleiner Hitze ohne Deckel 5 Min. dünsten lassen. Die Früchte nicht zerfallen lassen. Herausnehmen und den Sud bei starker Hitze 3 Min. einkochen lassen. Die Feigen halbieren und im heißen Sud bei kleiner Hitze 3 Min. kochen. Den Rum dazugeben und den Topf vom Feuer nehmen. Birnen wieder dazugeben und die Früchte im Sud erkalten lassen.

Süße Liebeserklärung
Heiße Trauben-Zabaione

Zutaten (für 2 Pers.)
125 g blaue Trauben
(oder Feigen, Erdbeeren, Marille u.a.)
2 frische Eigelb
2 EL Zucker
2–3 EL Marsalawein

Die Trauben abspülen, halbieren und ev. die Kerne entfernen. In Gläser legen. Eigelb und Zucker in einer Metallschüssel mit rundem Boden dickcremig aufschlagen. Die Schüssel in ein heißes Wasserbad stellen und den Marsalawein dazugießen. Weiterschlagen, bis die Zabaione heiß und dickcremig ist. Noch heiß auf die Früchte in den Gläsern füllen und sofort servieren.

Tip: Die Zabaione kann erst kurz vor dem Servieren zubereitet werden. Nützen Sie die Chance – nehmen Sie Ihren Gast mit in die Küche, und alles wird viel zwangloser.

Aphrodites Genuß
Granatapfel-Dessert

Zutaten (für 2 Pers.)
1 Granatapfel
125 g Magerquark
1/2 Päckchen Vanillezucker
1–2 Vanillestangen
1 EL Zucker
100 g Schlagsahne

Den Granatapfel halbieren und eine Hälfte mit der Zitruspresse auspressen. Die Kerne aus der anderen Hälfte lösen und beiseite stellen. Quark, Vanillezucker und Zucker verrühren. Den Granatapfelsaft durch ein Sieb dazugießen. Die Schlagsahne steif schlagen und unterheben. Granatapfelkerne unter die Creme mischen. In Portionsgläser füllen und rund 30 Min. kalt stellen.

Um die Geburt der Liebesgöttin Aphrodite ranken sich viele Geschichten. Eine davon geht so: Gaia, die Erd-Mutter, ehelichte ihren Sohn Uranus, den Himmel. Sie zeugten verschiedene Geschlechter: Titanen, Zyklopen, Monstren – Geschöpfe, die Uranus verfluchte. Ergrimmt trennte er sich von seiner Frau und Mutter, die daraufhin ihrem Titanensohn Kronos die »Zeit«, eine aus Feuerstein gefertigte Sichel, gab, um ihre Trennung vom Himmel zu rächen. Kronos entmannte seinen Vater, und dessen mächtiger Phallus fiel ins Meer, den Schoß der Mutter, und befruchtete ihn: Die schöne, sinnliche Aphrodite wurde geboren und nackt von einer Muschel an den Strand Zyperns getragen, wo sie an Land ging. Überall, wo die zarten Füße der »Schaumgeborenen« den Boden berührten, sprossen Blumen und Bäume, die fortan von den Menschen als Pflanzen der Liebe verehrt und verwendet wurden. Der Granatapfelbaum mit seinen glühendroten Früchten und deren zahllosen nachtschwarzen Samenkernen nahm in diesem »Garten der Lüste« eine besondere Stellung ein; er galt im Orient als mächtiges weibliches Symbol der Liebe, Erotik und Sinnlichkeit und war ein gesuchtes Aphrodisiakum.

Verboten gut
Mohnmousse

Zutaten (für 2 Pers.)
25 g gemahlener Mohn
60 ml weißer Portwein
50 g weiße Kuvertüre
1 1/2 Blatt weiße Gelatine
10 g Marillenkonfitüre
Zimt, Salz
1/2 Vanilleschote
abgeriebene Schale von 1/4 Zitrone (unbehandelt)
1 Ei
100 ml Schlagsahne
frische Minze

Den Mohn mit dem Portwein ca. 5 Min. einkochen, bis alle Flüssigkeit verdampft ist. Die Masse abkühlen lassen. Kuvertüre grob hacken und über einem heißen Wasserbad schmelzen. Gelatine kalt einweichen. Die Mohnmasse mit der Marillenkonfitüre, je 1 Prise Zimt und Salz, dem Mark der Vanilleschote und der Zitronenschale verrühren. Das Ei über dem heißen Wasserbad schaumig aufschlagen. Gelatine ausdrücken und in der warmen Eimasse auflösen. Die Kuvertüre und die Mohnmasse unterziehen. Die Creme stocken lassen. Die Sahne steif schlagen, unter die Mohncreme heben. In zwei Förmchen verteilen und abgedeckt 3–4 Stunden kalt stellen. Danach stürzen und, mit Minze verziert, servieren.

»Pflanze der Freude«: Mohn ist seit Jahrtausenden als Nahrungs- und Rauschmittel bekannt. Insbesondere Opium, das aus dem Milchsaft gewonnen wird, welcher aus der angeritzten Kapsel des Schlafmohns dringt, diente medizinischen, kultischen, hedonistischen und aphrodisischen Zwecken. Es war u.a. Bestandteil des berühmten »Wein der Kleopatra«, der aus Rohopium, ägyptischem Wein und Nachtschattengewächsen bestand und als vollkommenes Aphrodisiakum galt. Einen Stoff, aus dem ganz andere Träume sind, bietet der heimische Graumohn: seine Samenkörner – die meisten kommen aus dem Waldviertel – werden zu vielen, meist süßen Köstlichkeiten verarbeitet.

Maria Theresia, die sittenstrenge Monarchin und Erfinderin der »Keuschheitskommission«, stellte das Eisschlecken in der Öffentlichkeit unter Strafe, denn dieses galt seit der Antike als Vergnügung von Kurtisanen und losen Frauenzimmern. Auch hieß es, so wird berichtet, daß Schleckeis eine Versuchung des Satans sei: er überziehe seinen Schwanz damit. Ein echt teuflischer Genuß also! Hingegen bei Tisch serviert, war »Gefrorenes« ein Luxus. »Sisi« etwa, die ansonsten vom Turnen mehr hielt als vom Essen, besaß eine Vorliebe für »Veilcheneis«, eigentlich ein Sorbet, das durch die Kaiserin Berühmtheit erlangte. Es bestand aus dem Saft von ausgepreßten Veilchen, gesponnenem Zucker und etwas Champagner oder Likör.

Eis macht heiß
Zimtparfait

Zutaten (für 3 Pers.)
3 Eigelb
75 g Zucker
1 TL Vanillezucker
1/4 l Schlagsahne
1 TL Zimt
1 Spritzer Zitronensaft
Beeren, etwas Schlagsahne und frische Minzeblätter zum Garnieren

Eigelb mit Zucker und Vanillezucker im Wasserbad schaumig rühren. Dann das Gefäß in eine Schüssel mit Eisstücken oder sehr kaltem Wasser setzen und die Masse unter Schlagen abkühlen lassen. Sahne steif schlagen. Zimt und Zitronensaft hinzufügen und alles unter die Dottermasse heben. In gekühlte Formen füllen und im Tiefkühlfach 4–5 Stunden fest werden lassen. Vor dem Servieren Formen kurz in heißes Wasser halten und stürzen. Mit Beeren, Schlagsahne und Minzblättern garnieren.

Für Leidenschaftliche
Sultaninen in Brandy mit Schokoladeneiscreme

Zutaten (für 2 Pers.)
50 g Sultaninen (oder andere Rosinen)
4 EL Cognac oder Calvados
1/8 l Wasser
1 Zimtstange
geriebene Muskatnuß
(oder Prise Muskatnußpulver)
1 Gewürznelke
1 1/2 TL Honig
feine Schokoladeneiscreme

Rosinen in Cognac oder Calvados mind. 4 Stunden marinieren (besser noch: über Nacht); etwas Flüssigkeit nachgießen, falls die Rosinen nicht vollständig bedeckt sind. Danach mit den anderen Zutaten in eine Kasserolle geben und kurz zum Kochen bringen, dann die Hitze vermindern, und das Ganze weiterköcheln, bis das Wasser um die Hälfte verringert ist und die Rosinen sehr weich sind (ca. 40 Min.). Die Gewürze entfernen, den Rest mit dem Mixstab oder Mixer pürieren und in den Topf zurückgeben. Kühl stellen und prüfen, ob die Sauce dickflüssig geworden ist (sie sollte einen Teelöffel überziehen können); falls nicht, die Prozedur wiederholen: weitere 15 Min. köcheln lassen und erneut kühl stellen. Bei Zimmertemperatur über der besten Schokoladeneiscreme servieren, die Sie bekommen können.

Gipfel der Lust
Mont d'amour

Zutaten (für 2 Pers.)
1 Pkg. TK-Kastanienpüree
2 EL Zucker
1 Gläschen Weinbrand
Schlagsahne mit ev. etwas Vanillezucker zum Garnieren

Kastanienpüree auftauen, mit dem Zucker und dem Weinbrand schaumig rühren. Mit Schlagobers, das ev. mit Vanillezucker steif geschlagen wurde, garnieren.

Für Verliebte
Quittensorbet

Zutaten (für 2 Pers.)
2 Quitten
25 g Zucker
6 EL Malaga (Süßwein)
Saft von einer halben Limette

Zucker mit 2 EL Wasser aufkochen, abkühlen lassen. Quitten schälen, dünsten und pürieren. Mit Limettensaft, Malaga und Zuckerwasser verrühren. In einer flachen Schale einfrieren, öfter umrühren. In Sektschalen servieren.

Tip: Ein Fruchtsorbet sorgt zum Abschluß für angenehme Frische; es kann vor dem Servieren nach Belieben auch mit einem Gläschen Edelbrand übergossen werden. Bei mehrgängigen Menüs dient ein Sorbet oft auch als Zwischengericht.

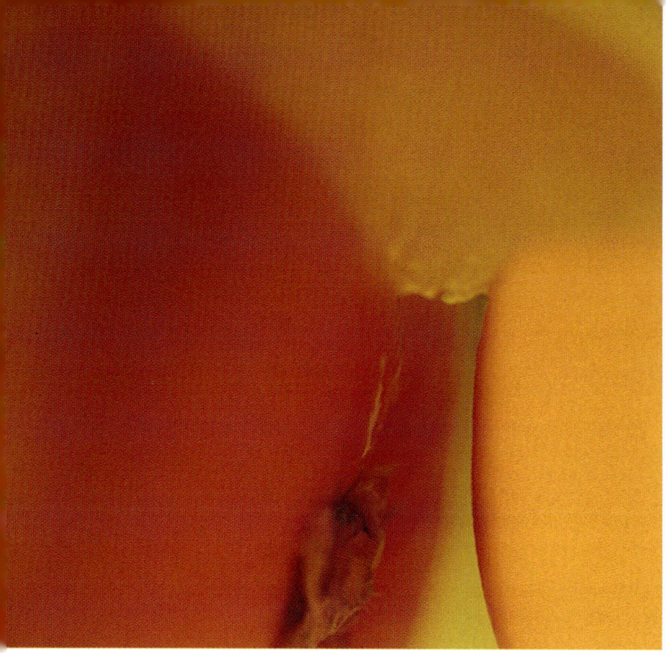

Liebe am Nachmittag

Schokoladeparfait auf Orangenschaum

Zutaten (für 4 Pers.)
50 g Honig
2 Eier
1 EL Kakaopulver
abgeriebene Schale von 1 Zitrone
1 TL Ingwer
1/4 l Schlagsahne
1 TL brauner Zucker
100 g Crème fraîche
Saft von 1 Orange

Den Honig im Wasserbad flüssig werden lassen. Eier, Kakao, Zitronenschale und Ingwer dazugeben. Zu einer dicken, schaumigen Creme schlagen. Dann in einer Schüssel über Eiswürfel-Wasser die Masse kalt schlagen. Steif geschlagenes Obers darunterheben, und das Ganze im Gefrierfach fest werden lassen. Für den Orangenschaum den Zucker schmelzen, Crème fraîche und Orangensaft dazugeben, und bei starker Hitze auf 2/3 einkochen. Die Creme auf Dessertteller verteilen und das Parfait darauf anrichten.

Paradiesische Verführung

Gefüllte Bratäpfel mit Vanillesauce

Zutaten (für 2 Pers.)
2 große Äpfel
1 EL gehackte Nüsse
1 TL gehackte Trockenfrüchte
(Pflaumen, Rosinen, Aprikosen usw.)
50 g Marzipan
1 TL Puderzucker
1 TL Rum
1/8 l Weißwein
Butterflöckchen

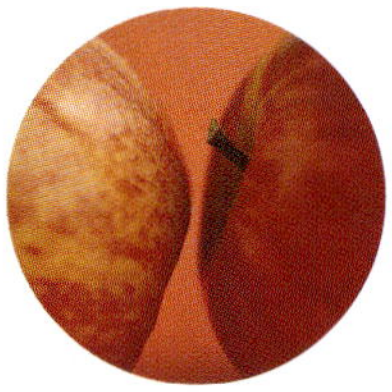

Für die Vanillesauce:
200 g Vanilleeis
1/16 l Schlagsahne

Äpfel waschen, abtrocknen und das Kerngehäuse großzügig ausstechen. Die übrigen Zutaten gut vermischen und die Äpfel damit füllen. In eine feuerfeste Form stellen, mit Weißwein übergießen und dicht mit Butterflöckchen belegen. Im vorgeheizten Backofen bei 200° C ca. 30–40 Min. braten. Für die Vanillesauce die Zutaten vermischen, und die Sauce mit den Bratäpfeln servieren.

Tip: Verfeinern Sie das Vanilleeis mit dem frischen Mark einer halben Vanilleschote, es schmeckt auch ohne Sahne zum heißen Apfel köstlich.

Seit uralten Zeiten steht der Apfel für Jugend und Schönheit, Liebe und Fruchtbarkeit, Verführung und Sexualität. Kein Wunder, daß er in vielen Volksbräuchen rund um die Liebe eine Rolle spielte. Gab etwa eine junge Frau dem Mann einen Apfel, so bedeutete das, daß sie seine Liebe erhört hatte. Überhaupt gilt es seit jeher als Zeichen der Liebe, verbunden mit der Bitte um Gegenliebe, wenn man dem oder der Angebeteten Äpfel überreichte oder zuwarf – letzteres ist allerdings bei Bratäpfeln nicht empfehlenswert! Übrigens: Äpfel können auch in flüssiger Form das Liebesmenü bereichern, sei es als Apfelmost oder Apfelschnaps (z.B. Calvados), kühl perlender Cidre (Apfelwein) oder belebender Apfelessig!

Schlicht und elegant
Champagner-Erdbeeren

Erdbeeren mit Zucker mind. eine Viertelstunde in Rosé-Champagner marinieren. Dieses Dessert kann man auch noch zubereiten, wenn der Gast bereits an der Tür klingelt.

Traum in Weiß
Joghurt-Mousse mit heißer Pflaumensauce

Zubereitung (für 2 Pers.)
2 Blatt weiße Gelatine
1/2 Vanilleschote
150 g Joghurt
3 TL Crème fraîche
35 g Puderzucker
75 g Schlagsahne
1 frisches Eiweiß
2 EL Zitronensaft
2 EL Orangenlikör (z.B. Grand Marnier) oder Orangensaft

Für die Sauce:
1/4 Glas Pflaumenmus (125 g)
75 ml Pflaumenwein (oder Kurpflaumensaft)

Die Gelatine in kaltem Wasser einweichen. Das Mark der Vanilleschote mit dem Joghurt, der Crème fraîche und dem Puderzucker verrühren. Sahne und Eiweiß getrennt steif schlagen. Den Zitronensaft und den Likör erhitzen, und die ausgedrückte Gelatine darin auflösen (nicht kochen!). Die Gelatine eßlöffelweise unter den Joghurt rühren. Zuerst die Sahne, dann den Eischnee vorsichtig unterheben. Die Mousse in eine Schüssel füllen und mind. 6 Stunden (besser über Nacht) kalt stellen. Für die Sauce das Pflaumenmus und den Pflaumenwein verrühren und erwärmen. Von der Mousse mit 2 nassen Eßlöffeln Nocken abstechen und auf Dessertteller geben, mit der warmen Sauce anrichten.

Tip: Wählen Sie einen edlen Zwetschkenbrand als krönenden Abschluß.

Verführerische Früchte

OBST

Ananas
In Mittelamerika und Afrika beheimatet, ist die Ananas mit ihrem saftigen, aromatischen Fruchtfleisch und ihrer dekorativen Form eine der beliebtesten exotischen Früchte, die zudem seit Jahrhunderten als vorzügliches Heilmittel dienen, vor allem in der indianischen Medizin. Die Königin der tropischen Gewächse ist reich an Fruchtzucker, Mineralstoffen und Vitaminen und damit ein hervorragender Energielieferant. Sie gilt als wirkungsvolles Aphrodisiakum.

Apfel
Der Apfelbaum gilt als weiblicher Baum und seine Frucht war seit je, wie die Nuß, ein Symbol der weiblichen Fruchtbarkeit. Seit der Antike galt der Apfel als erotisches Liebessymbol schlechthin, und zwar bereits lange vor dem biblischen Sündenfall, und schon wegen dieser stark sinnlichen Bedeutung ist er für die Liebestafel unverzichtbar.

Aprikose (Marille)
Die »Armenierin voll schmelzenden Liebreizes«, wie das Appetitlexikon *schwärmt, wanderte erst um Christi Geburt nach Griechenland ein; sie ist wie der Apfel klassisches Sinnbild weiblicher Sexualität und mit ihrem süßen, zarten Aroma wie geschaffen für die Liebeskochkunst.*

Birne
Nach dem Apfel kommt im Volksglauben gleich die Birne, die als Liebesorakel und in der Hexenküche eine vielseitige Rolle spielte. Alte Sortennamen wie »Venusbrust« oder »Liebesbirne« bezeugen ihren weiblich-sinnlichen Bezug. Nicht umsonst war die süße, saftstrotzende Frucht mit den weichen Formen bei den Griechen Aphrodite, bei den Römern Venus geweiht. Am prächtigen Hof des französischen Sonnenkönigs Ludwig XIV. zählten die Birnen zum meistgeschätzten Obst.

Dattel
Seit dem Altertum galt die Dattelpalme als Sinnbild des Lebens und als heiliger Baum. Die Palme, aus der der berauschende, aphrodisische Palmwein stammt, war wegen des stolzen Wuchses ein Symbol der Schönheit und geschlechtlichen Kraft, wegen der Fruchtbarkeit ein Zeichen für Liebe und Ehe. Das »Brot der Wüste« war in Europa ein kostbares Dessertobst, und bis heute haben die fleischigen, glänzendbraunen frischen Früchte mit der dezenten Süße einen Hauch von Luxus und Erotik des Orients. Nicht unwichtig: Datteln sind rasche Kraft- und Energiespender!

Erdbeere
Die leuchtendroten, verlockenden Früchte der süßduftenden Walderdbeeren oder der aromatischen Garten- oder Ananaserdbeeren galt – wie ein Gemälde von Hieronymus Bosch zeigt – als Symbol der Weltlust und der lockenden Sünde. Heute zählen die kalorienarmen Früchte mit ihrem gesunden Eisen-, Vitamin- und Mineralstoffgehalt und der tonischen Wirkung zu den beliebtesten Dessertfrüchten. Am elegantesten und sinnlichsten sind sie à la nature, begleitet bloß von einem kühlem Glas Champagner.

Feige
Die Feige ist die wahre Poesie des Obstes, schwärmte Eugen van Vaerst, ein bekannter Gastrosoph des 19. Jahrhunderts. Seit jeher gilt die fleischige Frucht des Feigenbaums mit ihren zahllosen Kernen als Sinnbild der Sexualität, der Fruchtbarkeit und der Fortpflanzung. Ob frisch oder getrocknet, pur oder zum Dessert verarbeitet – fraglos darf diese süße, symbolkräftige, die Phantasie anregende Frucht, die noch dazu seit Jahrtausenden als Glücksbringer gilt, auf keinen Fall im Liebesmenü fehlen.

Obst

Granatapfel

In der erotischen Symbolik ein uraltes Kultobjekt wie die Feige oder der Apfel, ist der glutrote Granatapfel bis heute Bestandteil orientalischer Gerichte. Keine antike Liebesgöttin, der nicht der bildschöne Liebesapfel heilig war, auch im Mittelalter war die aus Kleinasien stammende Frucht überaus beliebt und galt als wirksames Aphrodisiakum. In einigen südamerikanischen Ländern dient der tiefrote Granatapfelaft als ein die Sexualität steigerndes Tonikum und als Verhütungsmittel.

Kirsche

Den alten Griechen noch unbekannt, erfreuten sich die süßen, roten, energiereichen Früchte später um so mehr erotischer Beliebtheit. Viele Rokoko-Bilder zeigen Kirschen in äußerst frivoler, sinnlicher Bedeutung; Kirschen waren auch eine verbreitete Bezeichnung für die Vulva. Aus dem Volksbrauchtum stammt das bekannte Liebesorakel der »Barbarazweige«: Am Barbaratag (4. Dezember) werden Kirschbaumzweige ins Wasser gestellt, und zu Weihnachten schließt man aus den Blüten auf die Nähe der Hochzeit.

Lychee

Die taubeneigroße Frucht mit der rosaroten Schale, dem glasigen, perlmuttglänzenden Fruchtfleisch und dem zarten Rosenduft wird in China als Liebesfrucht sehr geschätzt. Schon in Aussehen und Konsistenz äußerst erotisch, eignen sich die süßherben, kühlglitschigen Lychee für Obstsalate und Desserts sowie sinnliche Spielchen aller Art.

Melone

Die großen, duftenden Gurkenfrüchte aus Südeuropa kurbeln nicht nur die Produktion von Sexualhormonen an, sondern eignen sich auch vortrefflich für allerlei erotisch-lukullische Spielereien: Süß, safttriefend und erfrischend, extrem kalorienarm und ein farbenfroher, sinnlicher Augenschmaus, bieten sich die beschwingten Vorzüge der Melone, die einst eine Lieblingsfrucht der Renaissance war, für jedes erotische Essen an.

Pflaume

Im Orient gilt der Pflaumenbaum wegen seiner vielen Früchte als Symbol der Fruchtbarkeit, in Japan als Sinnbild der weiblichen Schönheit. Und selbst das in erotischer Hinsicht zurückhaltende alte Appetitlexikon *kommt beim Stichwort Pflaume ins Schwärmen: Denn würzig, süß und schmelzend erquickt sie wie ein Kuß von schwellendem Mädchenmund, heißt es da von der fleischigen, dunkelblauen Frucht, die im erotischen Sprachgebrauch sonst eher mit den Geschlechtsteilen in Verbindung gebracht wurde.*

Quitte

Diese hocharomatische, goldfarbene Frucht war in der Mythologie des Altertums ein erotisches Kultobjekt und als Symbol von Glück, Liebe und Fruchtbarkeit der Liebesgöttin geweiht. Das duftende Kernobst ist in weiten Teilen Europas heimisch und kommt in zwei Sorten (Apfel- oder Birnenquitten) vor; es ist im Rohzustand hart und säuerlich und muß daher verarbeitet werden, z.B. zu köstlichen Kuchen, Kompott, Eis oder Marmelade.

Traube

Weintrauben sind nicht nur schmackhaft und erfrischend, sondern schmücken auch die Tafel als edles Accessoire. Dank ihres hohen Gehalts an Traubenzucker sind sie ideal, wann immer rasch Energie gebraucht wird. Die Weinrebe ist eine der ältesten Kulturpflanzen überhaupt. Ihre vitamin- und mineralstoffreichen Früchte wurden schon in der Eiszeit geschätzt – frisch, getrocknet als Rosinen oder zum Saft gepreßt. Traubenwein ist ein uraltes Aphrodisiakum und diente in vielen alten Kulturen als Bestandteil ekstatischer Kulte. Er galt in fast allen Ländern des Orients als heilig.

Zitrusfrucht

Die leuchtenden Vitamin-C-Spender aus dem Süden wirken erfrischend und belebend und regulieren mit ihren Wirkstoffen viele Körperfunktionen. Sie spielten in der Antike eine erotische Rolle, danach gewannen sie in Europa erst wieder am Ausgang des Mittelalters an Ansehen. Orangenblüten dienten wegen der schönen, weißen Blüten als jungfräulicher Brautschmuck. Die Zitronen fanden bei den Damen des Hofes kosmetische Verwendung: Man trug, wie heute Kaugummi, eine Frucht bei sich und biß von Zeit zu Zeit hinein, um den Atem zu erfrischen und die Lippen zu röten.

Schließt den Magen, öffnet die Sinne

Von dahinschmelzend bis knochentrocken, vom feinsten Aroma bis zum »Stinker«, frisch oder gereift – es gibt unter den Tausenden Käsesorten nichts, was es nicht gibt. Schon deshalb ist Käse ein Fixpunkt in der Liebeskochkunst – als aromatische Zutat für Fleisch, Gemüse oder Süßspeisen, aber auch als eigener Gang, bei dem die erregend duftenden, fließendweichen oder auch spröden Laibe mit dem passenden Wein (es muß nicht immer Rotwein sein!) oder Edelbrand eine sinnlich perfekte Beziehung eingehen. Für ein erotisches Mahl genügen zwei bis drei edle Sorten verschiedener Festigkeit, möglichst im Ganzen, garniert mit Trauben, Nüssen und Weinblättern – oder auch einfach »nackt«. Was sich mit dem Kind der Milch sonst noch anstellen läßt, zeigen die folgenden Rezepte. Und auch, daß Käse mehr als nur Schlußlicht des Menüs ist: Verführerisch, aufregend, deftig oder extravagant, mag er ein köstliches »Happy end« sein, aber vielleicht auch zugleich der Beginn von etwas Neuem …

Gefüllter Mozzarella auf Basilikumblättern

Zutaten (für 2 Pers.)
1 Paket Mozzarella (125 g)
75 g Gorgonzola
1 EL Schlagsahne
1 Bund Basilikum
1 TL Öl
Salz, Pfeffer

Mozzarella abspülen und in Scheiben schneiden. Gorgonzola mit Sahne verrühren und mit einem halben Bund feingehackter Basilikumblätter vermischen. Eine kleine runde Form oder Schüssel mit Öl einfetten. Einen kleinen Basilikumzweig hineinlegen. Den Boden der Form mit Mozzarellascheiben belegen; mit Salz und Pfeffer würzen. Darüber Gorgonzola streichen, dann wieder gewürzten Mozzarella usw. Mit dem Mozzarella abschließen, und mind. 3 Stunden kalt stellen. Anschließend einen flachen Teller mit Basilikumblättern auslegen, und den Käse darauf stürzen.

Kleine Pistazienkugeln mit Frischkäse und Datteln

Zutaten (für ca. 10 Kugeln)
3 frische Datteln (oder getrocknete)
50 g Pistazienkerne
1 Paket Frischkäse (200 g)
1/2 Zitrone
2 EL Schlagsahne

Datteln entkernen und frische Datteln enthäuten. Fruchtfleisch in feine Würfel schneiden. Pistazien fein hacken. Frischkäse mit Zitronensaft und Schlagsahne verrühren, Datteln untermischen. Mit den Händen ca. 10 Kugeln formen. In Pistazienkernen wälzen. Vor dem Servieren kühl stellen.

Erotisch-kulinarische Sprachspielerei
Nicht nur Speisen und Gerichte, auch ihre Namen sprechen oft – gewollt oder ungewollt – in sinnlicher Hinsicht Bände: vom Cânapé, *das als verführerisches Appetithäppchen wie als Polsterbank zu Schäferstündchen verlockt, über gefüllte* Brüstchen, *gebratene* Lenden *und knusprige* Schenkeln *sowie saftigem* Kavalierspitz *(ein Rinderstück) und* Halbseidenen *(Kartoffelklößchen) bis hin zu* Richte mich auf *(Tiramisu), feinen* Äpfeln im Schlafrock, *strammen* Husarenkrapferln *und* Schlosserbuben, *süßen* Wiener Wäschermädeln, *hauchzarten* Busserln *(Baisers) und leckeren* Hausfreunden, *ganz zu schweigen vom gekonnt* ausgezogenen *Apfelstrudel, dessen Hüllen seidenweich und von zartfeiner Transparenz sein sollen, um nur einige phantasiebeflügelnde Beispiele für die Lust an bzw. in der Küche zu nennen.*

Ziegenkäse in Scheiben mit schwarzem Pfeffer

Schwarze Pfefferkörner zerstoßen und damit den Ziegenkäse bestreuen. Rote und gelbe Paprikaschoten feinwürfelig schneiden und ebenfalls über den Käse streuen. Mit knusprigem Baguette servieren.

Marinierter Mozzarella mit Sesamöl

Zutaten (für 2 Pers.)
2 EL dunkle süße Sojasauce
2 EL Sherry (Medium; oder Apfelsaft)
1 TL Sesamöl
frisch gemahlener Pfeffer
1/2 Bund frischer Koriander
2 EL Öl (Maiskeim-, Sonnenblumen- oder Sojaöl)
1 Mozzarella (250 g)
1 Bund Jungzwiebeln

Sojasauce, Sherry, Sesamöl und Pfeffer verrühren. Die Hälfte der abgezupften Korianderblättchen und das Öl unterrühren. Mozzarella in Scheiben schneiden und in einen tiefen Teller legen. Mit der Marinade begießen und abgedeckt mind. 1 Stunde im Kühlschrank durchziehen lassen. Inzwischen Jungzwiebeln putzen (möglichst viel Grün dranlassen), abspülen und der Länge nach vierteln. Mozzarellascheiben darauflegen und mit restlichem Koriander bestreuen. Mit duftendem Sesamgebäck servieren.

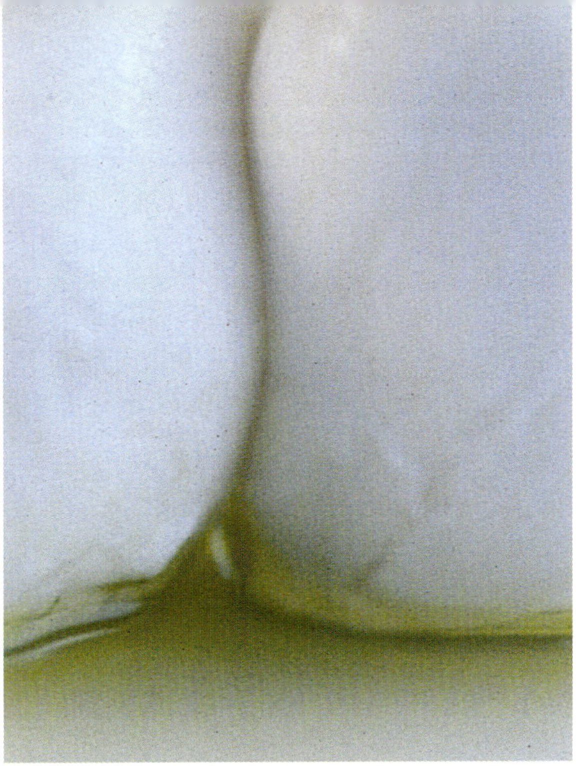

Käseschaum mit Walderdbeeren

Zutaten (für 2 Pers.)
100 g Landfrischkäse
75 g Waldbeeren
20 g Puderzucker
1 TL Orangenlikör
1/2 Blatt Gelatine
Saft von je 1/2 Orange und Zitrone
1/16 l Schlagsahne
frische Minzeblättchen

Landfrischkäse, Waldbeeren (einige Beeren für die Garnierung weglegen), Puderzucker und Orangenlikör vorsichtig verrühren und 30 Min. stehen lassen. Inzwischen Gelatine in kaltem Wasser einweichen. Zitronen- und Orangensaft erwärmen, Gelatine ausdrücken und im Saft auflösen. Noch warm in die Käsemischung einrühren. Schlagsahne steif schlagen und behutsam unter die Masse ziehen. Den Käseschaum anrichten und mit Waldbeeren und Minze garnieren.

Flaumiges Käsesoufflée

Zutaten (für 4 Pers.)
80 g Butter oder Margarine
100 g Mehl
3/4 l Milch
1 TL Salz, Muskat
4 Eier
100 g geriebener Greyerzer
50 g geriebener Sbrinz

Mehl in der zerlassenen Butter anschwitzen, Milch einrühren, würzen und 10 Min. kochen lassen. Die Eier trennen: Die Dotter zusammen mit dem Käse in die Pfanne rühren, das Eiklar zu steifem Schnee schlagen und zum Schluß unterziehen. Die Masse in gefettete, feuerfeste Förmchen (oder eine größere Form) geben und im vorgeheizten Backofen bei 190° C backen.

Tip: Sie können statt der angegebenen Schweizer Käsesorten auch jeden anderen Hartkäse verwenden.
Übrigens:
Das Käsesoufflée paßt gut zu Spinat oder einem anderen Gemüsegericht.

Mit ihrer strotzenden Fruchtfülle, dem weichen Fleisch und der überaus großen Samenmenge zählt die Feige zu den ältesten erotischen Symbolen. Nicht nur die Früchte, auch die Blätter und das Holz, ja der ganze Baum wurden seit jeher als Sinnbild der weiblichen wie männlichen Sexualität betrachtet; der Feigenbaum galt auch als »Baum der Erkenntnis«.

Feigen mit Käse und Honig

Zutaten (für 2 Pers.)
4 frische Feigen
100 g Ziegen- oder Schafkäse
grüner Pfeffer und rosa Pfefferbeeren
2–3 EL Akazienhonig

Die Feigen waschen und trockentupfen. Von oben bis kurz vor dem runden Ende mehrmals kreuzweise tief einschneiden und wie zu Blüten etwas auseinanderdrücken. Den Käse grob raspeln und in die Feigen legen. Die Früchte in eine ofenfeste Form setzen und unter dem vorgeheizten Grill ca. 5 Min. überbacken, bis der Käse geschmolzen ist. Zerdrückten grünen Pfeffer und rosa Pfefferbeeren darüberstreuen. Etwas Honig über den Käse träufeln, und die Feigen noch heiß servieren.

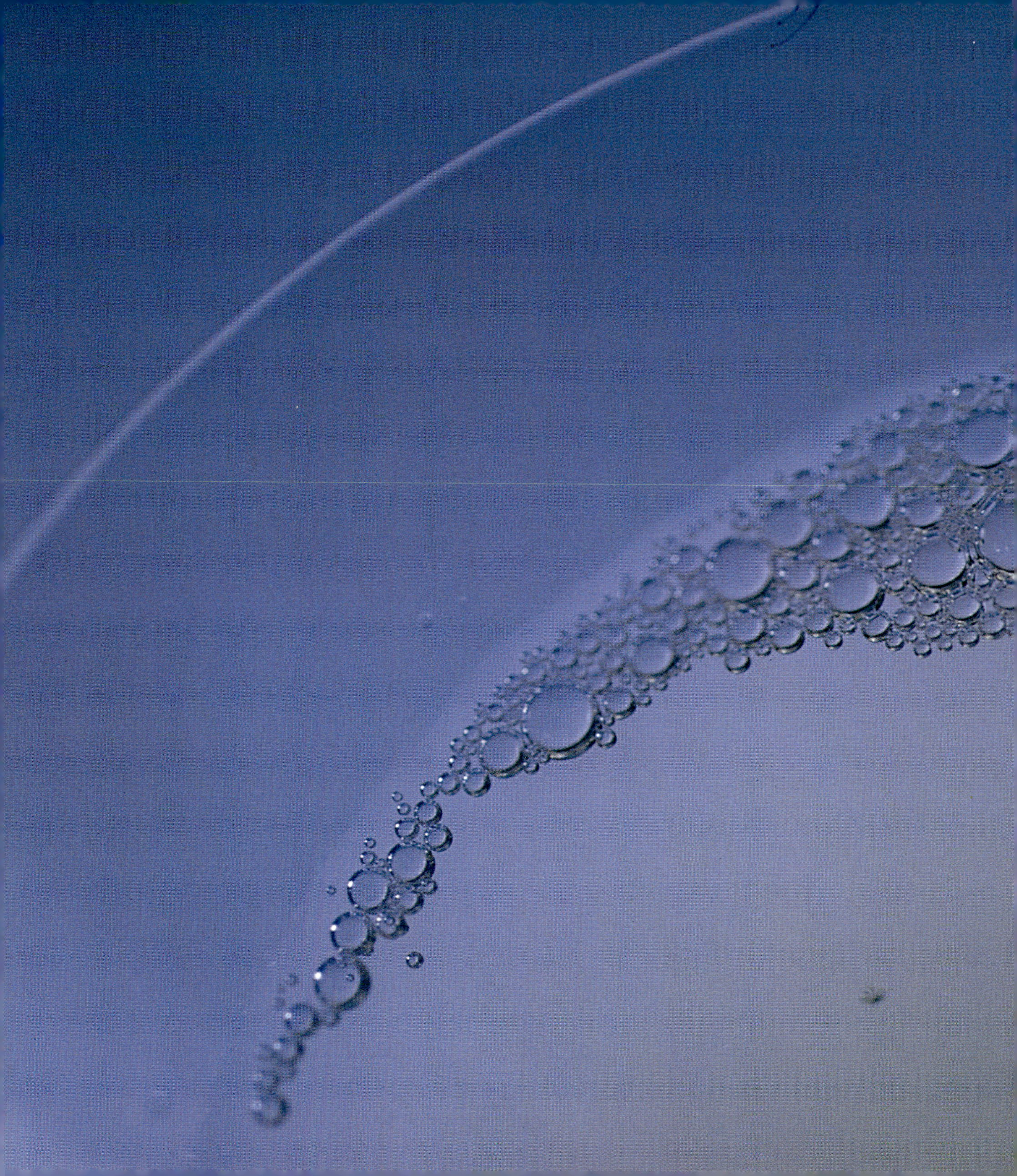

GETRÄNKE

Edle Säfte & scharfe Sachen

Dieses Kapitel bietet eine Auswahl stimulierender und verführerischer Getränke, die Sie je nach Bedarf und Absicht einsetzen können: anregende Aperitifs als Vorspiel der erotischen Mahlzeit, Tees für die entspannte Liebe, prickelnde Cocktails für die Stunden zu zweit, »Pick me ups« zur Erneuerung der Kräfte und geheimnisvolle Liebeselixiere – nicht zu vergessen den Lebensgeistwecker Nummer eins: starker, belebender Kaffee, von dem schon der Staatsmann Talleyrand genau wußte, wie er sein muß: »Schwarz wie der Teufel, heiß wie die Hölle, rein wie ein Engel und süß wie die Liebe!«

Blutrot und prickelnd
Aphrodisische Gewürzbowle

Zutaten (für 4 Portionen)
1 Zimtstange
1 Stück Sternanis
3 Gewürznelken
1/2 Bouteille Rotwein
1/2 unbehandelte Orange
50 g Zucker
50 g Rosinen
25 g gehackte Mandeln
1/16 l Weinbrand oder Rum
1/2 frische, geschälte Ananas (oder 1 Baby-Ananas)
1 Flasche Sekt (0,75 l)
ev. 1 Karambole (Sternfrucht) und Zimt zum Garnieren

Gewürze und Rotwein in einem Topf aufkochen und ca. 3 Min. köcheln, dann abkühlen lassen. Die halbe Orange außen waschen, trockenreiben und in dünne Scheiben schneiden. Orangenscheiben, Gewürz-Wein, Zucker, Rosinen, Mandeln und Weinbrand (oder Rum) in eine Schüssel geben. Abgedeckt mind. 2 Stunden durchziehen lassen. Kurz vor dem Servieren abseihen, die kleingeschnittene Ananas dazugeben und mit eisgekühltem Sekt aufgießen. Ev. mit Karambole-Scheiben und Zimt garnieren.

Tip: Falls Sie der eiskalten Bowle eher heißen Punsch vorziehen, dann ersetzen Sie die Ananas und den Sekt mit 1/2 l schwarzen Tee, erhitzen Sie das Ganze, und garnieren Sie den heißen Drink mit einer roten Geranienblüte (Geranien galten seit jeher als starkes Stimulans für den Mann!).

Für heiße Nächte
Punsch »1001 Nacht«

Zutaten (für 1 Liter)
10 reife Granatäpfel
5 Kapseln Kardamom
2 Zimtstangen
1 unbehandelte Limette
3–4 EL Limettensaft
3–4 EL Zucker
1/8 l Arrak

Granatäpfel quer durchschneiden und auf der Zitruspresse auspressen. Die Kardamomkapseln zerstoßen und mit dem Granatapfelsaft verrühren. Die Zimtstangen, die fein abgeriebene Limettenschale und den Zucker unterrühren. Limettensaft beifügen. Alles einmal kurz aufkochen lassen, dann durch eine Filtertüte in ein großes Gefäß gießen. Mit dem Arrak mischen und mit je 1 Limettenscheibe garnieren.

Tip: Dieser orientalische Punsch ganz aus aphrodisischen Zutaten ist mit Vorsicht zu genießen – er schmeckt harmloser, als er tatsächlich ist!

Zum Vorbereiten
Ginseng-Wein

Zutaten (für 1 Liter)
1 l herber, kräftiger Weißwein
30 g Vanillestangen, 30 g Zimtstangen
30 g Ginseng
30 g Rhabarber
5 g Ambratinktur

Vanille, Zimt, Ginseng und Rhabarber 14 Tage im Weißwein ziehen lassen.
Alle 24 Stunden die Mischung kräftig umrühren.
Nach 14 Tagen filtrieren, 5 g Ambratinktur zusetzen und in eine Flasche füllen.

Tip: Dieser Wein gilt als besonders wirksames Stärkungsmittel.

Grüner Kraftstoß
Vitamin-Cocktail

Zutaten (für 2 Gläser)
2 Limettenscheiben
2 Spalten eines ungeschälten grünen Apfels
2 Stückchen Salatgurke
4 tiefgekühlte Himbeeren (aufgetaut)
Minzblättchen
Süßstoff
Bitter Lemon und Mineralwasser zum Aufgießen

Pro Person ein Becherglas mit Eiswürfeln füllen. 1 dünne Limettenscheibe, 1 Apfelspalte, 1 Stückchen Gurke, 2 Himbeeren und ein Blättchen Minze dazugeben. Mit Bitter Lemon, einem Spritzer Süßstoff und Mineralwasser aufgießen und mit etwas frischem Limettensaft beträufeln.
Den Drink mit einem Strohhalm servieren.

Alkoholfrei
Grenadine-Shake

Zutaten (pro Glas)
4 cl Grenadine
4 cl Zitronensaft
4 cl Ananassaft
Sodawasser zum Auffüllen
1 Cocktailkirsche (oder Ananaswürfel bzw. tiefgefrorene Kumquat)
1 Eiswürfel

Eis zerstoßen, mit Grenadine, Zitronen- und Ananassaft im Shaker gut schütteln. In ein Stielglas geben, mit Sodawasser auffüllen, und mit einer Cocktailkirsche (oder Ananaswürfel bzw. tiefgefrorene Kumquats) und einem Strohhalm servieren.

Cocktail
Welcome

Zutaten (pro Glas)
4 cl trockener Gin
1–2 cl trockener Martini

Drink nicht schütteln, sondern auf viel Eis rühren und ins Cocktailglas geben. Mit einer Olive im Glas servieren.

Kakao & Granatapfel
Sweet Dreams

Zutaten (pro Glas)
3 cl Cognac
3 cl Kakaolikör
1 Dash (Spritzer) Grenadine

Die Zutaten im Shaker kräftig schütteln. Alles in ein vorgekühltes Cocktailglas seihen und mit einer Cocktailkirsche oder Orchidee garnieren.

Berauschend
Muskat-Drink

Zutaten (pro Glas)
5 cl trockener Sherry
2 Barlöffel Zucker

In einen Tumbler Crushed ice (gestoßenes Eis) geben, Sherry und Zucker beifügen, mit eiskaltem Wasser auffüllen, umrühren, geriebene Muskatnuß darüberstreuen und sofort servieren.

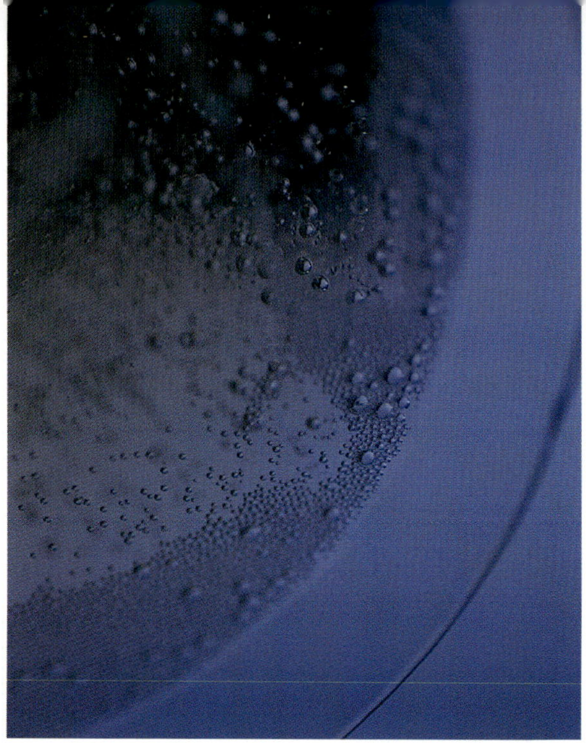

Zauber-Flöte
Blaues Wunder

Zutaten (pro Glas)
1 cl Gin
1 cl Curaçao
1 Barlöffel Zitronensaft
Champagner oder trockener Sekt zum Auffüllen
Grenadine
Zucker

Für einen roten Zuckerrand den Rand der Sektflöte zuerst in Grenadine, dann in feinen Zucker tauchen. Curaçao und Zitronensaft ins Glas geben und mit Champagner oder Sekt auffüllen.

Grenadine ist der tiefrote Fruchtsirup des Granatapfels, dem magischen Symbol der großen antiken Göttinnen der Sinnenlust.

»In der Stille einer blauen Nacht
regt sich das sanfte Flüstern
eines Paares,
das vergnügt seine Liebe genießt.

Und es lacht das Leben und sagt: Ahh, ahh ...
Und es lacht der Mond und sagt: Uhm, uhm ...«3
Kubanischer Song

After-Dinner-Drink
Tropische Nächte

Zutaten (pro Glas)
2–3 cl Mandellikör
2 cl Kokosnußlikör
2–3 cl frische Sahne
3 cl Ananassaft
Physalis zum Garnieren

Mit Eis shaken, ins Glas geben und mit etwas Kakaopulver bestreuen. Mit einer Physalis am Glasrand servieren.

»Pick me up«
Pousse d'amour

Zutaten (pro Glas)
1 EL Maraschinolikör
1 Eigelb
1 EL Kakaolikör
1 Glas Cognac fine Champagne

Gießen Sie zuerst den Maraschino in ein Glas, dann nacheinander, ohne umzurühren, die anderen Zutaten, wobei das Eigelb ganz bleiben soll. Man leert das Glas mit einem Schluck. Dieser Drink nach einem alten Rezept soll nach der Liebe wirksam die Kräfte erneuern!

Aus Äthiopien
Heißes Liebeselixier

Zutaten (pro Person)
2 Stück Würfelzucker
4 Tropfen Curaçao
1 Dessertweinglas roter Portwein
1 Zitronenscheibe
4 Gewürznelken
1 Prise geriebene Muskatnuß

Den Zucker in eine Tasse legen, mit dem Portwein übergießen und den Curaçao dazugeben. Die Tasse mit Wasser auffüllen, das Ganze in einen Topf gießen und bei großer Hitze beinahe zum Kochen bringen. In einer Tasse mit einer Zitronenscheibe servieren, die man mit den Gewürznelken verziert und mit Muskat überstäubt hat.

Für Gestreßte und Aufgeregte
Entspannungstee

Zutaten (für 4 Portionen)
1/2 TL grüner Tee
2 Kapseln Kardamom
1/2 Zimtstange
1 Stück frischer Ingwer
1/2 TL gemahlene Mandeln
Wasser für 4 Tassen

Alle Zutaten aufkochen und 5 Minuten köcheln lassen, dann abseihen und entspannt genießen.

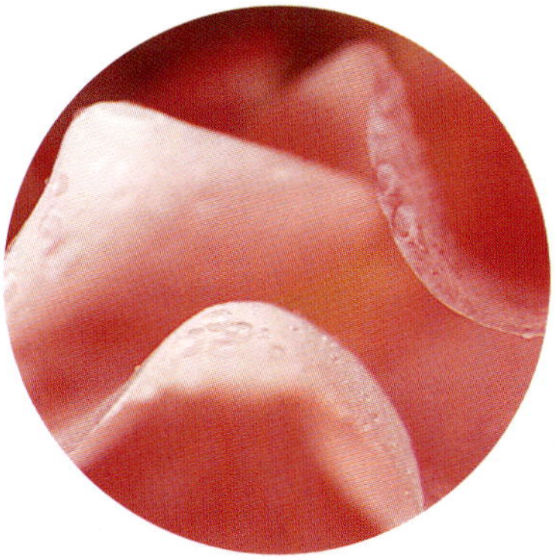

Erregt die Sinne
Glückstee

Tonischer Aufguß aus
je 1 Prise
Bohnenkraut,
Basilikum, Rosmarin,
Anis und Salbei.

Jede Menge Glück
Eingelegte Kumquats

Zutaten
500 g Kumquats (Zwergorangen)
400 g Zucker
1/2 l Rum
4 cl Cointreau
Sekt zum Aufgießen

Die Kumquats rundherum mit einer Nadel einstechen. Den Zucker mit 1/4 l Wasser zu Sirup kochen. Die Früchte einlegen, 5 Min. mitkochen und im Sirup abkühlen lassen. Alles in ein großes Glas geben und mit Rum und Cointreau aufgießen, so daß die Früchte bedeckt sind. Zugedeckt 4 Wochen durchziehen lassen. Zum Servieren pro Glas eine Frucht samt etwas Saft mit Sekt aufgießen.

Kumquats gelten als Symbol des Glücks, deshalb sollte man in der Liebesküche auf die hübschen Zwergorangen aus China (übrigens die kleinsten Zitrusfrüchte der Welt) keinesfalls verzichten. Der Clou: eingefrorene Kumquats, die – als Eiswürfel ins Glas gegeben – jeden Drink zu etwas Besonderem machen!

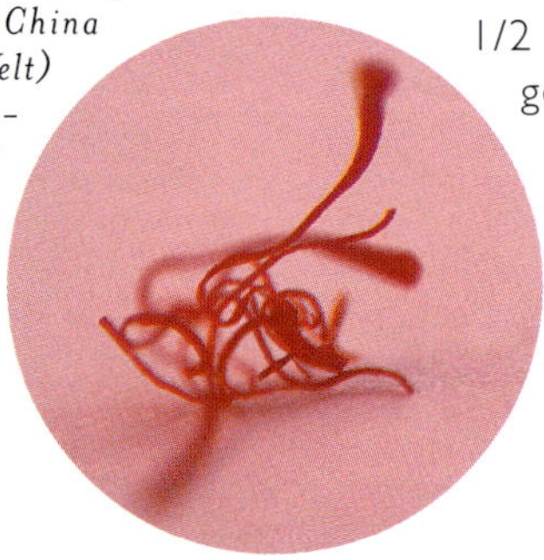

Süßer Liebessaft
Quittenlikör

Zutaten
1 kg Quitten
1 l Weingeist
1 TL Zimt
4 Stück bittere Mandeln oder Bittermandelaroma
Saft einer Zitrone
250 g Zucker

Die Quitten von ihrem »Pelz« und dem Kerngehäuse befreien, danach kleinschneiden. Zusammen mit Zimt, Bittermandeln, Zitronensaft und Weingeist in ein großes Glas füllen und verschließen. An einem warmen Ort stehen lassen. Nach 2 Monaten aus dem Zucker und 1 l Wasser einen dicken Sirup kochen und mit dem Fruchtsaft vermischen. In Flaschen abfüllen und möglichst lange liegen lassen. Der Likör wird um so besser, je länger er liegt!

Mit Ingwer und Safran
Liebestrank

Zutaten
150 g Zucker
10 g Ingwer
1/2 l Weingeist
Safran

1/2 l Wasser mit dem Zucker aufkochen, den gemahlenen Ingwer dazugeben und alles einige Stunden wegstellen. Dann den Weingeist und den Safran dazugeben. Alles gut durchmischen und abseihen. In Flaschen füllen und einige Tage stehen lassen.

Sommernachtstraum
Erfrischende Bowle mit Ingwer und Erdbeeren

Zutaten
6 Stangen frische Waldmeisterstengel
1 l Weißwein
1/4 l Orangensaft
1 Ingwerwurzel
1/4 l Ginger-ale
1 Stamperl Cognac
150 g Erdbeeren

Waldmeister 1 Stunde leicht anwelken lassen, damit sich sein Aroma voll entfaltet. In einer Schüssel mit dem geschnittenen Ingwer, dem Weißwein und dem Orangensaft mind. 5 Stunden kühl ziehen lassen. Erbeeren waschen und vierteln, dann in eine Bowlenschüssel legen. Die Weinmischung abseihen und über die Erdbeeren geben. Cognac und gut gekühltes Ginger-ale hinzufügen und das Ganze nochmals kühl stellen. In hohen Gläsern mit Zitronenscheiben servieren.

Ingwer spricht man im Orient besondere erogene Kräfte zu. Es zählt zu den »heißen« Gewürzen, die den Kreislauf anheizen, die Liebesglut schüren und müde oder betagte Lenden munter machen. In England, Arabien, Indien und China besonders bevorzugt, gibt es die vielseitige Knolle weltweit frisch, getrocknet oder pulverisiert am Markt, außerdem kandiert oder verschiedenen Lebensmitteln, Speisen und Getränken (z.B. Ginger-ale) zugesetzt.

Muntermacher
Irish Coffee

Zutaten (pro Glas)
1 TL Zucker
1/2 Stamperl Whiskey
schwarzer Kaffee zum Aufgießen
Schlagsahnehäubchen

Widerstandsfähige Gläser vorsichtig mit heißem Wasser ausspülen. In jedes Glas 1 Löffel Zucker geben (Löffel im Glas lassen), den Whiskey darübergießen, mit starkem, heißem Kaffee auffüllen und solange rühren, bis sich der Zucker aufgelöst hat. Obendrauf ein Häubchen aus steif geschlagener Sahne setzen. Irish Coffee wird nicht verrührt, sondern durch die kühle Sahne getrunken.

Folies à deux

ES GEHT AUCH OHNE TISCH

Lustvolle Narreteien zu zweit (oder mehrt) müssen nicht bei Tisch stattfinden, man kann sie überall begehen: im Bett, in der Küche, im Garten, am Strand oder wonach Ihnen sonst der Sinn steht. Dieses Kapitel versorgt Sie mit Vorschlägen für einen belebenden Mitternachtsimbiß, der Müde munter macht, für ein stärkendes Schlemmerfrühstück im Bett samt Kaviar und Sekt und für ein Techtelmechtel im Grünen, ob als Picknick auf der Wiese oder während einer romantischen Bootsfahrt. Alles Rezepte, die auch für viele andere Gelegenheiten dieser Art brauchbar und in der Menge beliebig erweiterbar sind. Übrigens, Picknicks waren schon im alten Athen populär, und Aristoteles fand, daß ohnehin die besten Gastmähler die sind, bei denen jeder Gast ein Gericht mitbringt. Auch keine schlechte Idee!

Stärkend ...

MITTERNACHTSIMBISS

Elegant

Tournedos Rossini

Zutaten (für 2 Pers.)

2 dicke Tournedos (Filetsteak)
Schuß Weißwein
2–4 dünne Scheiben weiße Trüffeln
2 Gänse- oder Entenleberscheiben
Salz, frisch gemahlener Pfeffer
etwas Butter
geröstete Weißbrotschnitten oder -croûtons
Kerbel

Die Tournedos mit dem Handballen leicht platt drücken und in ausgelassener Butter von beiden Seiten je 3 Min. (nicht ganz durch) braten, danach würzen. Den Bratensatz mit etwas Weißwein löschen. Die Tournedos mit in Butter gebratenen Leberscheiben und Scheiben von in Butter gedünsteten weißen Trüffeln belegen. Auf geröstetem oder getoastetem Weißbrot anrichten, etwas Bratensaft darübergießen und mit Kerbel garnieren. Als Beilage paßt Blattsalat.

Tip: Statt Trüffelscheiben kann man auch frische Spargelspitzen in Butter oder ein geschältes, mit etwas Zitronensaft beträufeltes Champignonköpfchen nehmen.

Giacomo Rossini war als Gourmet fast so berühmt wie als Komponist. So machte ihn nicht nur seine bekannteste Oper »Der Barbier von Sevilla« unsterblich, sondern auch die von ihm kreierten »Tournedos Rossini«.

Schlicht und einfach

Omelett mit feinen Kräutern

Zutaten (für 2 Pers.)

3 Eier
Salz
1/2 TL frisch gehackte Petersilie
etwas feingehackte junge Lauchzwiebel oder kleingeschnittener Schnittlauch
ev. noch etwas frischer Estragon und Kerbel
15 g Butter

Die Kräuter in die leicht geschlagenen und gesalzenen Eier geben. Die Butter bei starker Hitze aufschäumen lassen und die Eier in die Pfanne gießen. Mit einer Gabel verhindern, daß sie am Rand stocken, und das Omelett – ev. unter Zugabe von noch etwas Butter – goldbraun backen. Mit frischen Kräutern garniert sofort servieren.

Tip: Das Omelett kann man auch mit 20 g Gruyère oder Emmentaler verfeinern, mit 6 jungen Sauerampferblättern und etwas Kerbel bzw. einer frischen Trüffel läßt sich zudem die aphrodisische Wirkung erhöhen.

Für alle Fälle
Hackfleischbällchen

Zutaten (für 4 Personen)
300 g Hackfleisch
2 Knoblauchzehen
1 Ei
1 Zwiebel
2 EL Semmelbrösel
Salz, Edelsüß-Paprika, Pfeffer aus der Mühle
8 EL Öl

Hackfleisch mit zerdrücktem Knoblauch, Ei, Zwiebelwürfeln und Semmelbröseln verkneten. Würzen und aus dem Hackteig 20 kleine Klößchen formen, in heißem Öl rundherum braun anbraten. Aus der Pfanne nehmen und auf Küchenpapier abkühlen lassen.

Tip: Die Hackfleischbällchen lassen sich gut vorbereiten und dann kalt mit Dip-Saucen servieren, z.B. einer Meerrettich-Creme aus Joghurt, frisch geriebenem Meerrettich (Kren), etwas Zucker, Salz, scharfem Senf, weißem Pfeffer und einem Schuß Cognac.

Die saftige Mango gilt im Orient als überaus erotische Frucht. So wird im Kamasutram *das »Brechen von Mangofrüchten« als Zeitvertreib für Lebemänner bezeichnet. Für »das Ende des Liebesgenusses« empfiehlt das indische Buch der Liebeskunst neben Wasser, Säften oder Naschwerk vor allem Mangofrüchte zur Entspannung und Erfrischung. Mangoöl wird als Bestandteil verschiedener Rezepturen für erotische Liebestränke angeführt. Auch bei uns wird Mango zunehmend als belebende Erfrischung geschätzt. Die tropische Frucht besitzt von allen Früchten den höchsten Provitamin-A-Gehalt (zuständig für die Förderung der Liebeskraft) und enthält außerdem so viel Vitamin C wie eine Grapefruit. Ein Tip für Magenempfindliche: Mangos nicht mit Milch oder Alkohol kombinieren.*

Beflügelnd
Hühnchen-Melonen-Salat

Zutaten (für 2 Pers.)
1 Honigmelone
150 g Tomaten
100 g blaue Weintrauben
1/2 Brathuhn
1 kleine Dose Ananasstückchen (Einwaage 165 g)
2 EL Mango-Chutney
2 TL Senf
Salz, frisch gemahlener Pfeffer

Melone halbieren und das Fruchtfleisch herauslösen und würfeln. Tomaten halbieren und in feine Streifen schneiden. Trauben halbieren und ev. entkernen. Geflügelfleisch von Haut und Knochen lösen und in mundgerechte Stücke teilen. Alle Zutaten mit abgetropften Ananasstückchen, Mango-Chutney und Senf vermischen und den Salat im Kühlschrank etwa 1 Stunde durchziehen lassen. Danach mit etwas Salz und Pfeffer abschmecken.

Tip: Verwenden Sie für diesen erfrischenden Melonensalat kaltes Huhn, das Sie übrig haben. Und noch ein Tip für jene, die das Ausgefallene lieben: Bewahren Sie die Melonenschalen auf und füllen Sie den fertigen Salat vor dem Servieren in die beiden Melonenhälften.

Aphrodisisches Fast-food
Mini-Hamburger

Zutaten (für 8 Stück)
150 g Zwiebelmett
20 g frischer Ingwer
Öl zum Braten
8 Mangospalten
8 Mini-Partysemmeln zum Aufbacken
(aus dem Supermarkt)
Salatblätter
Mango-Chutney

Den Zwiebelmett mit dem fein gewürfelten Ingwer verkneten, 8 Leibchen formen und im heißen Öl ca. 3 Min. braten. Mango schälen und in Spalten schneiden. Die Mini-Semmeln aufbacken und halbieren. Nacheinander mit Salatblättern, Mett-Leibchen, Mangospalten und einem Klecks Mango-Chutney füllen.

Wasser-Spiele: Der schönste Ort für ein angenehmes Treiben zu zweit ist die Badewanne. Denn Baden hat wenig mit Reinigung, aber viel mit Wohlbefinden, Erotik und Kommunikation zu tun. Nichts ist so lustvoll, entspannend und zielführend wie ein duftendes, warmes Bad für zwei - Musik, Champagner und Kerzenschimmer eingeschlossen, ebenso die richtigen Badezusätze. Belebend wirkt etwa ein Rosmarin- oder Minzeaufguß. Einige Tropfen Bergamottöl heben die Stimmung. Thymian entspannt. Und ein Kräuterbad mit Kalmus steigert die sexuelle Lust. Rosen haben erotischen wie kosmetischen Effekt: Die Römerinnen benutzten Rosenblätter im Badewasser, um dem Körper Jugendfrische zu verleihen. Vor allem aber wirkt Rosenduft herrlich verführerisch, ebenso exotische Düfte wie Lotos, Patchouli, Ambra, Moschus, Ylang-Ylang oder Sandelholz, die als ätherische Öle und Badezusätze erhältlich sind. Fehlt zum gemeinsamen Träumen nur noch der richtige Glücksstein am Wannenrand: Rosenquarz etwa wirkt beruhigend und fördert Liebe, Zärtlichkeit und den Sinn fürs Schöne, während Jade zufrieden macht, Entspannung bringt und Liebesbeziehungen festigt.
Dazu ein Tablett mit aphrodisischen Köstlichkeiten in Reichweite, und die Magie ist perfekt!

Kräftigend
Mostsuppe

Zutaten (für 2 Pers.)
1 mittelgroße Kartoffel
1/2 Möhre
1/8 Sellerieknolle
1/4 Stange Porree (Lauch)
1/2 kleine Zwiebel
20 g Speck
2 Nelken
1/4 l Most
1/4 l Rindsuppe
1/16 l Schlagsahne
Salz, Pfeffer
Kerbel
etwas Butter
geröstete Kürbiskerne

Kartoffel, Möhre, Sellerie, Porree und Zwiebel putzen, waschen und in Würfel schneiden. Speck würfelig schneiden und mit dem Gemüse kurz anrösten. Nelken dazugeben, mit Most und Suppe aufgießen und köcheln lassen, bis das Gemüse weich ist. Anschließend die Suppe pürieren, Sahne zugeben, nochmals aufkochen lassen, salzen und pfeffern. Mit gerösteten Kürbiskernen und gezupftem Kerbel garnieren.

Tip: Reichen Sie zur Mostsuppe knackiges, anregendes Kürbiskernbrot oder geröstete Schwarzbrot-Croûtons.

Immer zur Hand

Crudités mit Kaviarcreme

Zutaten (für 2 Pers.)
1 große Möhre
1/4 Salatgurke
1/2 Staudensellerie
je 1/3 rote und gelbe Paprikaschote
1/2 Bund Radieschen
2 hart gekochte Eier
1/2 Becher Joghurt
1 TL Crème fraîche
Cayennepfeffer, Salz
Zitronensaft, Süßstoff
15 g (nicht echter) Kaviar

Die Möhre schälen und der Länge nach in Stifte schneiden. Die Gurke schälen und in längliche Stücke schneiden. Staudensellerie putzen und in Stücke schneiden. Paprikaschoten in Streifen schneiden. Radieschen so putzen, daß ein kleines grünes Büschel zum Anfassen stehenbleibt.
Für die Creme Joghurt mit der Crème fraîche verrühren, mit Cayennepfeffer, etwas Salz, einem Spritzer Zitronensaft und Süßstoff würzen. Den Kaviar erst kurz vor dem Servieren unter die Creme heben, dafür keinen elektrischen Handmixer verwenden! Das Gemüse mit den geschälten und geviertelten hart gekochten Eiern sternförmig auf einem großen Teller oder einer Platte anrichten, und in die Mitte ein Schälchen mit dem Kaviar-Dip stellen.

Tip: Der Vorteil dieser köstlichen Crudités ist, daß Sie dafür wahrscheinlich (fast) alles im Haus haben und daher auch einen unerwarteten Gast damit bewirten können. Die Rohkostplatte läßt sich natürlich auch abwandeln und ergänzen: z.B. mit Blumenkohlröschen, Chicoréeblättern, halbierten Champignons und überbrühten Zuckererbsenschoten. Ein Tip für jene, die Rohkost um diese Tages- bzw. Nachtzeit nicht vertragen: Servieren Sie nur den Dip mit knackigen Käsestangen – das ist eine bekömmliche und noch einfachere Mitternachts-Variante!

FRÜHSTÜCKSTABLETT

BROT UND GEBÄCK

Vom Vollkornbrot bis zur Kaisersemmel – die Auswahl ist groß. Besonders hübsch ist Jourgebäck: die Gebäck- und Mehlspeissorten im Miniformat sind das »Amuse gueule« am Frühstückstablett.

BUTTER

Verwenden Sie einen Butterroller oder ein stark wellenförmig geschliffenes Messer, um die Butter dekorativ in Flocken oder Scheibchen zu servieren – so läßt sie sich auch besser streichen.

CEREALS UND MÜSLI

Knusprige Getreideflocken, wie Cornflakes, und Müsli mit Nüssen, Samenkörnern und Früchten spenden selbst den Geschwächtesten frische Energien.

CROISSANTS

Sind zwar nicht aphrodisisch, aber eine leckere Draufgabe für ein genüßliches Schlemmerfrühstück.

EIER

Ob weich gekocht im Glas, als Rührei, Spiegelei »sunny side up« oder Omelett – Eier mobilisieren in jeder Form Ihre Kraftreserven.

GETRÄNKE

Heißes wie Tee, Kaffee oder Schokolade, dazu kühle Getränke wie frischer Fruchtsaft, perlender Sekt (pur oder mit Orangensaft), Prosecco oder Bloody Mary bringen die hartnäckigsten Morgenmuffel auf Touren.

KÄSE

Kein Muß, aber eine kleine, feine Käseauswahl ist nicht zu verachten.

KAVIAR

Die schimmernden Liebesperlen dürfen bei einem Sektfrühstück nicht fehlen.

LACHS

Genießen wie Anna Karenina: Zaren-Lachs ist der Feinste, doch einfachere Qualitäten erfüllen ebenfalls ihren Zweck.

MARMELADEN

Aus aphrodisischen Früchten wie Marillen, Erdbeeren, Quitten und Orangen oder in exotischen Variationen wie z.B. die köstliche Ingwermarmelade.

OBST

Ein gutbestückter, farbenprächtiger Obstkorb mit Liebesfrüchten wie Weintrauben, Äpfeln, Kiwis und Feigen oder mundgerecht servierten Melonen, Mangos oder Ananas ist eine erfrischende Vitaminbombe, die die Lebensgeister weckt.

ROSE

Taufrisch und duftend, sollte diese verführerische Liebesbotin auf keinem Frühstückstablett fehlen.

SCHINKEN

Bündner Fleisch, Parmaschinken oder Prosciutto, als Zutat für Ham and Eggs, mit Melone oder ganz für sich allein – ein paar dünne köstliche Scheiben sind unerläßliche Lust- und Appetitmacher. Eine besondere Spezialität ist Wildschweinschinken (Cinghale).

Tip: Praktisch ist ein Bett-Tischchen oder ein Beistelltisch, denn es ist nicht jedefraus bzw. jedermanns Sache, ein vollbeladenes Frühstückstablett problemlos auf den Knien zu balancieren.

Bettgeflüster …

SCHLEMMEN ZU ZWEIT

Stark und heiß
Café brulôt

Zutaten (für 2 Pers.)

4 Stück Würfelzucker
2 Gewürznelken
1 Stückchen Zimtstange (ca. 3 cm)
abgeriebene Schale von 1 Zitrone
4 cl Cognac
2 Tassen sehr starker Kaffee

Zucker, Nelken, Zimt und Zitronenschalen in einem kleinen Topf mischen, mit Cognac übergießen und mit heißem Kaffee auffüllen. Auf dem Herd 2 Min. durchziehen lassen. Abseihen, in zwei Tassen füllen und sofort servieren.

Die feinaromatische Macis- oder Muskatblüte ist die leuchtendrote, getrocknete Schale des Muskatkerns und nach Safran das zweitteuerste Gewürz der Welt.

Weckt die Lebensgeister
Hühnerleber mit Macis und Kerbel

Zutaten (für 2 Pers.)

ca. 200 g Hühnerleber
Butter
Macis (Muskatblütenpulver)
4 Eier
Salz, Kerbel

Leberstückchen in heißer Butter braten (nicht zu stark rösten), mit Macis bestäuben. Je 2 Spiegeleier braten und darüberlegen. Mit Salz, Macis und frischen Kerbelblättchen bestreuen und servieren.

Wo Milch und Honig fließen
Süßer Nußdrink

Zutaten (für 2 Pers.)

100 g frische Walnüsse
1/2 l Milch
2 EL Akazienhonig

Die Walnüsse häuten und sehr fein mahlen. Bei kleiner Hitze in der Milch ziehen lassen (keine Haut bilden lassen!). Mit Honig süßen. Dieses Elixier gibt jede Menge Kraft und Energie.

Walnüsse sind ein uraltes Fruchtbarkeits- und Liebessymbol. So streuten die Römer bei Hochzeiten und Erntefesten Nüsse aus. Auch bei Griechen und Juden stand der Walnußbaum im Zeichen der Erotik. Bei uns war die Walnuß ebenfalls ein Fruchtbarkeitszeichen. Wie auch die Haselnuß galt sie darüber hinaus als Symbol des weiblichen Genitals, ja als Synonym der Frau schlechthin. Zudem wurde sie als Aphrodisiakum geschätzt: Viel Nüsse essen macht jung und liebeskräftig, hieß es. In manchen Gegenden dient der Nußbaum als uraltes Liebesorakel: Die Mädchen werfen Stöcke in den Baum, deren Stock oben hängen bleibt, die heiratet nächstes Jahr.

Frei nach Brillat-Savarin
Thunfisch-Eierkuchen

Zutaten (für 2 Pers.)
ca. 200 g frischer Thunfisch
1 kleine feingehackte Schalotte
Butter
gehackte Petersilie
etwas Zitronensaft
3 möglichst frische Eier

Den Thunfisch klein hacken, mit einem gehörigen Stück Butter in eine Kasserolle geben und das Ganze aufrütteln, bis die Butter geschmolzen ist. Dann ein zweites Stück Butter nach Belieben mit der Petersilie und der Schalotte beifügen. In einen flachen Teller etwas Zitronensaft geben und warm stellen. Inzwischen die Eier verrühren, die Fisch-Butter-Masse dazugeben und alles gut zusammenrühren. Daraus ein goldbraunes Omelett backen, möglichst dick und weich, und auf dem Teller ausbreiten. Sofort servieren.

Der berühmte Gourmet Brillat-Savarin versichert: »Diese Schüssel eignet sich für feine Frühstücke, für Vereinigungen von Liebhabern, wo man weiss, was man thut und gesetzten Wesens ist. Wenn man sie mit gutem alten Wein benetzt, wirkt sie Wunder.«

Achten Sie beim Kauf von Fenchel auf weiße Knollen mit knackigen Stengeln und frischem, zartem Grün. Werfen Sie das Kraut nicht weg: es schmeckt ausgezeichnet, enthält eine beachtliche Menge Vitamin C und ist zudem äußerst dekorativ.

Steife Prise
Between the sheets

Zutaten (pro Glas)
2 cl weißer Rum
2 cl Cognac
1 cl Triple sec
1 cl Lemon Juice

Die Zutaten auf Eis im Shaker gut schütteln und in gekühlter Cocktailschale servieren. Dieser Drink macht seinem Namen zweifellos alle Ehre. Sollte Sie das Rezept hier erstaunen: Wo steht geschrieben, daß das Frühstück im Bett unbedingt frühmorgens stattfinden muß?

Wirkt garantiert
Kraft-Trunk

3 Äpfel und 1 Fenchelknolle mit der Fruchtpresse auspressen und – ev. mit einer Orangenscheibe garniert – frisch servieren.

Kraftstoff
Genuß-Eier

Zutaten (für 1 Pers.)
1 nußgroßes Stück Butter
1 Scheibe roher Schinken
1 EL gebrannter Zucker
1 EL Essig
1 gestrichener TL Cayennepfeffer
mind. 3 Eier (im Notfall auch mehr)

Die Schinkenscheibe in einer Pfanne in Butter braten. Gebrannten Zucker und Essig hinzufügen. Das Ganze auf einen feuerfesten Teller legen. Die Eier auf die Schinkenscheibe schlagen und kräftig pfeffern. Den Teller in den Backofen stellen, bis die Eier gar sind. Dann herausnehmen und sofort servieren.

Tip: Dieses Rezept ist für stark Erschöpfte gedacht, die wieder zu Kräften kommen müssen; für Gesundheits- und Cholesterinbewußte ist es nicht zu empfehlen.

Sündhaft gut
Heiße Zimtschokolade

Zutaten (für 2 Pers.)
1/4 l Milch
1/8 l Schlagsahne
2 EL feine Trinkschokolade
Rum nach Geschmack
1 Hauch Salz
1/2 Päckchen Vanillezucker
1/2 Zimtstange
Zimtpulver

Die Milch und die Hälfte der Schlagsahne in einem Topf erwärmen. Schokoladepulver, Rum, Salz, Zimtstange und Vanillezucker dazugeben. Das Ganze einmal aufkochen lassen, die Zimtstange entfernen und die Schokolade in zwei Tassen gießen. Mit steifen Sahnehäubchen verzieren und leicht mit Zimtpulver bestreuen, heiß servieren.

Katerdrink
Bloody Mary

Dieser Power-Drink aus Tomatensaft, Schuß Wodka, etwas Zitronensaft, Spritzer Tabasco, Worcestershiresauce und frischem Pfeffer aus der Mühle richtet garantiert die Erschlafftesten wieder auf.

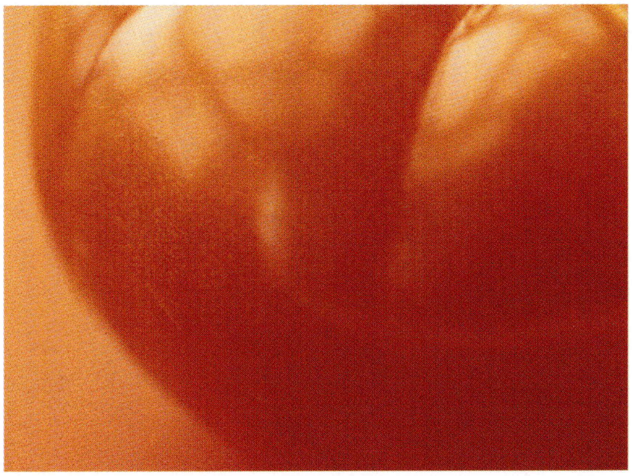

Liebe im Freien ...

PICKNICK

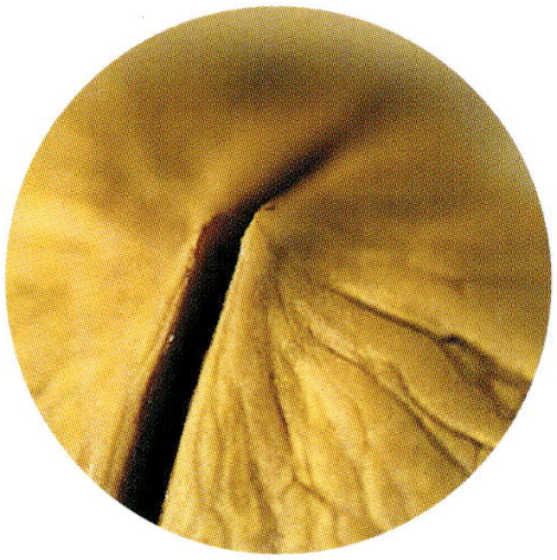

Mediterrane Variation

Gefüllte Weinblätter

Zutaten (für 2 Pers.)
10 Weinblätter (ev. aus der Dose)
100 g Frischkäse
2 EL Schlagsahne
50 g Schinkenwürfel
1 Zwiebel
2 EL gehackte Nüsse
1 Zweig Rosmarin

Weinblätter trockentupfen. Frischkäse mit Sahne glatt rühren. Schinkenwürfel im Mixer zerkleinern. Zwiebel schälen und fein würfeln. Rosmarinnadeln vom Zweig zupfen und klein hacken. Alle Zutaten unter die Käsecreme heben. Auf jedes Weinblatt ein wenig Füllung geben. Die Blätter zu Päckchen zusammenfalten und fest andrücken. Mit etwas Öl aus der Dose feucht halten und in einem gut verschließbaren Behälter transportieren.

Wie alle tonischen und aufbauenden Pflanzen stärkt Salbei die weibliche wie männliche Liebeskraft.

Kalt genießen

Gefüllte Kalbsrouladen mit Salbei und Avocadocreme

Zutaten (für 2 Pers.)
4 Scheiben Kalbfleisch (à ca. 120 g)
Salz, frisch gemahlener Pfeffer
2 EL frisch geriebener Parmesankäse
2 Zwiebeln
1 Zweig Salbei
3 EL Öl
1/4 l Weißwein (oder Brühe)
1 reife Avocado
1/2 Bund Petersilie
1 Knoblauchzehe
1 EL Crème fraîche
ev. 1 EL Weinbrand
1 Zitrone
ev. Salatblätter zum Anrichten

Fleisch salzen, pfeffern und mit Parmesan bestreuen. Mit Zwiebelvierteln und einigen Salbeiblättchen belegen. Aufrollen und mit Küchenband zusammenbinden. In heißem Öl rundherum braun anbraten. Salzen, pfeffern und restliche Salbeiblätter zufügen. Mit Wein begießen und 45 Min. schmoren, ev. noch etwas Wasser zugießen. Im Schmorsud abkühlen lassen. Für die Avocadocreme eine halbe geschälte Avocado mit Petersilie, Knoblauch und Crème fraîche mit dem Mixstab pürieren. Die Creme ev. mit Weinbrand, Salz, Pfeffer und etwas Zitronensaft abschmecken. Die restliche Avocado schälen, in Scheiben schneiden, mit Zitronensaft beträufeln und zu den Rouladen und dem Avocado-Dip reichen. Die Rouladen ev. mit Salatblättern anrichten.

Schön wackelig
Tomaten-Basilikum-Terrine

Zutaten (für 2–3 Pers.)
5 Blatt Gelatine
1/2 Zwiebel
1/2 gelbe Paprikaschote
15 g Butter oder Margarine
Salz, frisch gemahlener Pfeffer
50 ml Weißwein (halbtrocken)
0,3 l Tomatensaft
Cayennepfeffer
1 Bund Basilikum
75 g Crème fraîche
1 Zitrone

Gelatine in kaltem Wasser einweichen. Zwiebel schälen, Paprika putzen und beides fein würfeln. In heißem Fett 3 Min. dünsten, mit Salz und Pfeffer würzen, mit Wein ablöschen, aufkochen und vom Feuer nehmen. Gelatine ausdrücken, zu den Gemüsewürfeln geben und darin auflösen. Tomatensaft in eine Schüssel füllen, Gemüsewürfel mit der Flüssigkeit einrühren. Mit Salz, Pfeffer und einer Prise Cayennepfeffer abschmecken. Vom Basilikum einige Blätter beiseite legen, den Rest grob hacken und dem Tomatensaft beifügen. Eine kleine Kastenform (ca. 1/2 l Inhalt) in eine große Schüssel mit Eiswasser stellen. Mit einem Schöpfer ca. 1 cm hoch den Tomatensud einfüllen, gelieren lassen und den Vorgang so oft wiederholen, bis die Form gefüllt ist. Abgedeckt 3–4 Stunden (noch besser: über Nacht) in den Kühlschrank stellen. Nach Erkalten die Terrine mit einem kleinen Messer vom Rand lösen. Daraufhin kurz in ein warmes Wasserbad tauchen und auf einen Teller stürzen. Mit Basilikum garnieren und mit einer darübergestülpten Schüssel in der Kühltasche schützen. Crème fraîche mit Salz, Pfeffer und etwas Zitronensaft würzen, in einem Becher mitnehmen und später mit der Terrine servieren.

Daß ein Picknick auch seine Schattenseiten haben kann, zeigt folgende Bemerkung von Giacomo Rossini: »Ich habe nur dreimal in meinem Leben geweint: zum ersten Mal, als meine Oper ›Der Barbier von Sevilla‹ durchfiel, das zweite Mal, als ich Paganini spielen hörte, und das dritte Mal, als bei einer Bootsfahrt ein getrüffelter Truthahn über Bord fiel.«

Noblesse im Grünen
Wachteln der Venus

Zutaten (für 2 Pers.)
2 küchenfertige Wachteln
Salz, Pfeffer
4 Scheiben Speck
1 Glas Weißwein

Für die Fülle:
4 Stückchen Trüffeln
4 Stückchen Gänseleber
Salz, frisch gemahlener Pfeffer
Pastetengewürz (Fertigmischung)
Cognac

Die Wachteln waschen, trockentupfen und mit Salz und Pfeffer einreiben. In jede Wachtel 2 Stückchen Trüffeln und 2 Stückchen Gänseleber legen, die zuvor je mit einem Hauch Salz, frischem Pfeffer, Pastetengewürz und Cognac gezogen haben. Die Wachteln mit dem Speck umwickeln und in einer Pfanne anbraten. Mit Wein angießen, einen Deckel auflegen und 15 Min. schmoren lassen. Speck abwickeln und nochmals kurz anbraten, damit die Haut schön knusprig wird.

Tip: Die Wachteln bleiben in einer Warmhaltetasche ca. 2–3 Stunden warm; sie sind aber auch kalt ein Genuß. Besonders gut passen Weintrauben und frisches Baguette dazu.
Übrigens: Die »Wachteln der Venus« schmecken auch ohne Trüffel-Fülle köstlich.

Verspielte Formen

Pasta-Salat mit Parmaschinken und Thymian

Zutaten (für 2–3 Pers.)
150 g Farfalle (Pasta in Schleifchenform)
1 kleine Knoblauchzehe
5 EL Olivenöl
3 EL Balsamico-Essig
1 EL frische Thymianblätter
Salz, frisch gemahlener Pfeffer
75 g Parmaschinken in Scheiben
50 g Sojabohnensprossen (oder Linsensprossen)

Die Nudeln nach Anweisung kochen und in kaltem Wasser abschrecken. Knoblauch schälen, fein hacken und in 1 EL Öl kurz dünsten. Das restliche Öl mit Balsamico-Essig, Thymian und Knoblauch verrühren, salzen und pfeffern. Den Schinken in Streifen schneiden und mit den Sprossen und der Marinade vorsichtig unter die Farfalle mischen. Ev. mit Salz, Pfeffer und Essig nachwürzen.

»Hexenzwiebel«

Bärlauch-Aufstrich mit Parmesan

Zutaten
200 g Frischkäse
2–3 EL Schlagsahne
75 g Parmesan
1/2 Bund Bärlauch
1 TL Zitronensaft
Salz, frisch gemahlener Pfeffer

Den Frischkäse mit der Sahne glattrühren. Parmesan reiben, Bärlauch fein hacken (von beiden etwas übrigbehalten) und zusammen mit dem Frischkäse verrühren. Mit Zitronensaft, Salz und Pfeffer würzen. Restlichen Parmesan in feine Scheiben hobeln und damit, zusammen mit dem übrigen Bärlauch, den Aufstrich garnieren.

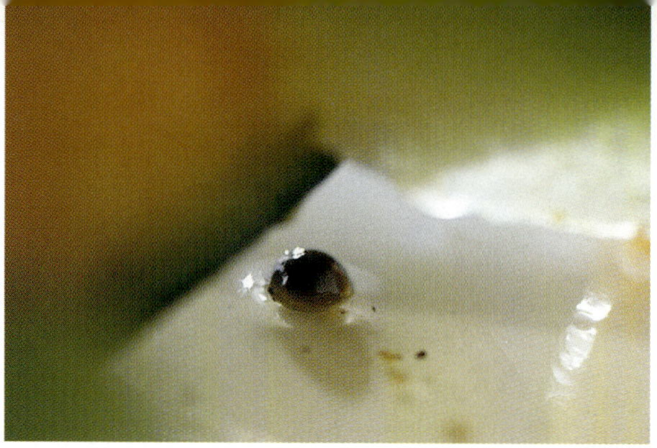

O sole mio

Schinken mit Melonen

Verschiedene Melonensorten, hauchdünn geschnittener oder gehobelter Käse (z. B. Parmesan, Gruyère, Appenzeller), Bündner Fleisch und Scheiben von geräucherter Putenbrust anrichten und mit grobgemahlenem Pfeffer bestreuen.

Happy end

Dattel-Nuß-Muffins

Zutaten (für ca. 10 Stück)
100 g frische Datteln
100 g Walnüsse
250 g Mehl
1 Päckchen Vanillezucker
1 Päckchen Backpulver
1/2 TL Salz
Schale von 1 unbehandelten Zitrone
1 Ei
3/16 l Buttermilch
25 g lauwarme, zerlassene Butter
Papier-Muffin-Förmchen

Datteln schälen, entsteinen und klein schneiden. Die Walnüsse im Backofen bei 200° C ca. 10 Min. rösten, abkühlen lassen und grob hacken. Mehl, Vanillezucker, Backpulver, Salz und Zitronenschale vermischen. Buttermilch, verquirltes Ei und zerlassene Butter veschlagen. Beides kurz und kräftig verrühren. Anschließend Datteln und Walnüsse unterheben. Den Teig zwei Drittel hoch in die Förmchen füllen. Bei 250° C 12–15 Min. backen.

PICKNICK-TIPS

BROT

Nehmen Sie frisches Brot nicht im Plastikbeutel mit, es wird weich und zäh. Vorteilhafter und außerdem appetitlicher ist ein Brotkörbchen mit einem Tuch darüber. Empfehlenswert sind Gebäck und Fladen- oder Stangenbrot, das Sie brechen können, anstatt mit dem Brotmesser zu hantieren.

DECKEN

Gegen Ameisenbisse, Grasflecken und andere Unbill der Natur hilft eine große, weiche Unterlage und Pölster – vor allem, wenn man sich gemeinsam ausstrecken will.

GEDECK

Etwas aufwendiger, aber viel romantischer und verführerischer sind Porzellan- statt Pappteller, echtes Besteck und Gläser statt Plastik, Stoffservietten und ein blütenweißes Tischtuch.

GETRÄNKE

Passend sind gute, nicht zu schwere Weine, gekühlter Prosecco oder Sekt, Mineralwasser, Eistee, Softdrinks oder Fruchtsaft. Thermosflaschen bei einem verliebten Rendezvous im Grünen sind dagegen Geschmacksache.

GEWÜRZE

Auf keinen Fall Salz und vor allem Pfeffer vergessen!

INSEKTENSCHUTZMITTEL

Nicht sehr romantisch, aber äußerst nützlich.

KÄSE

Empfehlenswert sind Käsesorten, die nicht zu stark riechen, da sich sonst bei warmem Wetter ungewollte Düfte entwickeln. Verpacken Sie den Käse in Klarsichtfolien und dann in feuchte Tücher, das hält ihn kühl und frisch.

OBST

Geputzte, leicht gezuckerte Beeren (in Plastikdosen) eignen sich gut als aphrodisisches Picknick-Dessert; dazu Schlagsahne oder Schlagschaum, ebenfalls in der Dose transportiert. Melonen gehören in die Kühltasche, da sie nur kalt munden.

REGISTER DER REZEPTE

LITERATUR

Dr. Aigremont: *Volkserotik und Pflanzenwelt.* Darmstadt o. J.

Gudrun Bichler/Barbara Heraut: *Gerichte mit Geschichte.* Wien 1994.

George & Germaine Blond: *Der Mensch war immer schon genüßlich. Eine Kulturgeschichte des Essens.* Wien-Hamburg 1965.

Jean Anthelme Brillat-Savarin: *Physiologie des Geschmacks oder physiologische Anleitung zum Studium der Tafelgenüsse.* Wien-Köln-Graz 1984.

Piero Camporesi: *Geheimnisse der Venus. Aphrodisiaka vergangener Zeiten.* Frankfurt am Main 1991.

Hannsferdinand Döbler: *Kultur- und Sittengeschichte der Welt, Bd. 2: Kochkünste und Tafelfreuden.* München-Gütersloh-Wien 1972.

Günter Grass: *Die Blechtrommel.* Studienausgabe Bd.1, Göttingen 1993.

Rudolf Habs und L. Rosner: *Appetitlexikon.* Frankfurt am Main 1982 (Neudruck der Ausgabe von 1894).

Harold A. Hansen: *Der Hexengarten.* München 1983 (3. Aufl.).

James Joyce: *Ulysses.* Frankfurt am Main 1975.

Das Kamasustram. Der duftende Garten Scheich Nefzaui. München 1987.

Lise Manniche: *Liebe und Sexualität im alten Ägypten.* München 1988.

Félicien Marceau: *Casanova. Sein Leben, seine Abenteuer.* Frankfurt/Main-Berlin 1987.

Claudia Müller-Ebeling/Christian Rätsch: *Isoldes Liebestrank. Aphrodisiaka in Geschichte und Gegenwart.* München 1986.

Ovid: *Liebeskunst.* Frankfurt am Main 1973.

Octavio Paz: *Erotik und Gastrosophie.* In: Essays I. Frankfurt am Main 1979.

Claus-Dieter Rath: *Reste der Tafelrunde. Das Abenteuer der Eßkultur.* Reinbek bei Hamburg 1984.

Christian Rätsch: *Pflanzen der Liebe. Aphrodisiaka in Mythos, Geschichte und Gegenwart.* Aarau 1995.

Michel Serres: *Die fünf Sinne. Eine Philosophie der Gemenge und Gemische.* Frankfurt am Main 1998.

Raymond Stark: *Aphrodisiaka und ihre Wirkung. Geheime Wundermittel und Rezepte für ein aktives Liebesleben.* München 1984.

Gerhard Tötschinger: *»Wünschen zu speisen?« Ein kulinarischer Streifzug durch die Länder der Monarchie. Geschichten und Gerichte.* Wien-München-Berlin 1996.

Eugen van Vaerst: *Gastrosophie oder Lehre von den Freuden der Tafel.* Bd.1. München 1975 (Erstausgabe: Leipzig 1851).

Sunnyva van der Vegt/René van Royen: *Asterix – die ganze Wahrheit.* München 1998.

Alois Wierlacher: *Vom Essen in der deutschen Literatur. Mahlzeiten in Erzähltexten von Goethe bis Grass.* Stuttgart 1987.

Schluß mit Genuß!